우리 주변 세상은 무엇보다도 시기를 이용하고 퍼뜨리는 흐름 위에 세워졌기 때문에 시기의 죄에 맞서기 위해서는 용기 있는 사람이 필요하다. 감사하게도 마이크 페버레즈가 그 용기 있는 사람이다. 성경적, 목회적 지혜로 가득한 이 충실한 책에서 페버레즈는 문제의 핵심을 파고들어 날카로운 분석과 믿을 만한 가르침을 제시한다. 이 책을 모든 신자에게 강력히 추천한다.

앨버트 몰러 주니어 R. ALBERT MOHLER JR.

남침례신학교 총장

이 책은 정말 훌륭하다. 마이크 페버레즈는 그간 주목받지 못한 주제를 다루어 우리 모두에게 생각보다 시기의 문제가 크다는 점을 분명하게 보여주었다. 그는 성경의 사례와 명령을 언급하며 '사랑은 시기하지 않는다'는 성경의 핵심 구절을 우리에게 상기시킨다. 우리의 악한 마음속에 도사린 시기를 근절하고, 진정한 이웃 사랑을 기르면 얼마나 놀라운 변화가 나타날까? 페버레즈가 목회자의 심정으로 쓴 이 역작은 시기의 문제를 밝힐 뿐 아니라 그것에 반격하기 위한 효과적인 전략을 제시한다. 우리가 무의식적으로 다른 사람의 시기심을 자극하는 방식에 관한 그의 통찰도 놀랍다. 결국 그의 말이 옳다는 것을 깨닫는다. 나에게 시기의 문제가 있는 줄 전혀 몰랐다. 이 지혜로운 책에서 깨우침과 격려를 얻을 수 있어서 감사하다.

메리 몰러 MARY K. MOHLER

앨버트 몰러의 아내, 『감사로 성장하다』(Growing in Gratitude)와
『수잔나 스펄전』(Susannah Spurgeon)의 저자

탁월한 글솜씨와 훌륭한 사례들로 버무려진 이 책은 정확한 성경적 통찰력으로 독자들이 세상에 만연한 한 가지 근본적인 문제를 다루도록 도와준다. 이 책은 정보만 주는 것이 아니라 우리가 하나님의 사랑을 이해하고 경험할 수 있도록 변화시킨다. 오직 그 사랑만으로 우리는 나 자신을 알고, 나 자신답게 살아갈 수 있으며, 나 자신을 즐길 수 있다. 또 우리가 그렇게 살 때 우리를 절대 실망하게 하지 않으시는 하나님이 영광을 받으신다.

빌 트레셔 BILL THRASHER

작가, 무디신학교 교수

오늘날, 폭탄처럼 요란하게 폭발하여 주변 모든 것을 초토화하는 악한 행위를 다룬 책은 쉽게 찾아볼 수 있다. 하지만 우리 삶에 은밀히 파고들어 모든 것을 파괴하는 죄를 다룬 책은 그리 흔하지 않다. 마이크 페버레즈는 성경을 원천이자 가이드로 삼아 시기의 죄를 드러낸 뒤에, 우리 삶에 미치는 그 파괴적인 영향을 와해할 강력한 치료제를 제시한다.

에드 스테처 ED STETZER

탈봇신학교 학장

시기의 파괴적인 힘을 제대로 아는 사람은 별로 없다. 강력반 형사로서 나는 시기로 인해 벌어진 살인 사건을 조사한 적이 많다. 그런데 시기의 진짜 무서움은 따로 있다. 그것은 이 감정이 살인을 저지르지 않은 사람들의 삶 속에 매일 몰래 파고든다는 것이다. 이 책에서 마이크 페버레즈 박사는 우리가 시기로 인해 치르는 대가를 보여주고, 시기의 파괴적인 힘을 깨뜨릴 성경적 전략을 설명한다. 당신이 시기나 질투, 탐욕에 빠져 고통 가운데 있다고 생각한다면, 이 책에서 자유로 향하는 길을 찾을 수 있을 것이다.

워너 월리스 J. WARNER WALLACE

〈데이트라인〉(Dateline) 프로그램에 출연한 미해결 사건 담당 형사, 작가, 강연자, 콜슨 기독교 세계관 센터(Colson Center for Christian Worldview) 선임 연구원, 바이올라대학교의 탈봇신학교와 게이트웨이신학교와 남부 복음주의 신학교의 변증학 객원 교수

시기는 '용인하기 쉬운 죄' 중 하나다. 이 죄가 얼마나 악하고 우리 삶에 얼마나 큰 영적 피해를 주는지를 과소평가하기 쉽다. 그래서 마이크 페버레즈가 이 책을 쓴 것이 그렇게 감사할 수가 없다. 이 책은 우리 안의 시기를 찾아서 다루고, 그리스도 안에서 더 충성스럽고 만족스러운 삶을 추구하도록 도와준다. 이 외에도 많은 이유로 이 책을 진심으로 추천한다.

제이슨 앨런 JASON K. ALLEN

미드웨스턴 침례신학교와 스펄전대학교 총장

미리 경고받지 않았다면, 마이크 페버레즈의 이 탁월한 책을 시기하고 말았을 것이다. 우리가 영적 탐구에서 기대하는 모든 것이 이 안에 있다. 다시 말해, 이 책은 흥미진진하고, 생동감 넘치며, 유쾌하고, 지혜로우며, 겸손하고, 무엇보다도 성경의 진리로 흠뻑 젖어 있다. 이 책을 읽는 내내 페버레즈의 커뮤니케이션 기술에 놀라움을 금치 못했다. 그는 독자의 마음을 파고들어 복잡한 내용을 단순하게 풀어내고, 잠을 깨우는 놀라운 능력을 하나님께 받았다. 무엇보다도 시기를 죽이라는 그의 외침은 하나님의 강력한 은혜를 머금고 있다. 그 은혜는 우리처럼 시기심이 많고 자신을 숭배하는 피조물을, 우리 구주 예수 그리스도를 기쁘게 섬기는 종으로 변화시킨다.

오언 스트라천 OWEN STRACHAN

『조너선 에드워즈 선집』(The Essential Jonathan Edwards) 공동 저자, 그레이스바이블신학교 교무처장

누군가는 시기가 가장 나중에 죽는 죄라는 지혜로운 말을 했다. 마이크 페버레즈는 성경에서 이 치명적인 죄를 지적한 구절들을 제시하며 이 진리를 뒷받침한다. 개인적으로 이 책에서 7장과 나오는 글에 나온 내용이 특히 마음에 와닿았다. 교사이자 여성들을 위한 상담가로서 이 책이 고맙기 그지없다.

수잔 헥 SUSAN HECK

작가, 상담가, 교사(www.withthemaster.org)

방금 내 친구 마이크 페버레즈 목사가 쓴 이 책을 다 읽었다. 그런데 이 책을 내가 썼으면 좋았을 거라는 생각이 들었다. 바로 이 점이 문제다. 그리고 이 책이 필요한 이유다. 이런 식으로 우리는 쉽게 시기에 빠지기 때문이다. 우리는 남들이 가진 것이나 남들이 이룬 성과, 남들이 얻은 지위를 갈망한다. 하나님은 우리가 만족을 배우고 시기를 거부하기를 원하신다. 시기에 관한 성경적이고 실천적인 연구서인 이 책을 읽으라. 이 안에 담긴 내용과 개념을 적용하면, 만족을 얻을 뿐 아니라 주 예수님과 더 깊이 동행할 수 있을 것이다.

마이클 라이델닉 MICHAEL RYDELNIK

무디성경학교의 부총장이자 학장, 유대교 연구 및 성경 교수,
무디 라디오(Moody Radio)의 〈마이클 라이델닉 박사의 오픈 라인〉
(Open Line with Dr. Michael Rydelnik)의 진행자이자 성경 교사

대부분 사람은 불만족할 이유가 없을 만큼 많은 것을 갖고 있다. 그런데 왜 불만족에 시달릴까? 마이크 페버레즈는 우리 마음속에 시기가 없는지 살펴보라고 촉구한다. 시기는 우리의 만족과 기쁨을 앗아가기 때문이다. 친구로서 페버레즈는 내게 항상 하나님을 더 사랑하고 영적으로 더 성숙해지도록 본을 보여 준다. 이제 저자로서 그는 우리의 욕구들을 점검하고, 시기를 사랑과 기쁨으로 대체하라고 촉구한다. 예수님을 더 사랑하고 그분을 더 닮아가고 싶다면 이 책을 읽기를 바란다!

토머스 화이트 THOMAS WHITE

시더빌대학교의 총장이자 교수

나는 부지불식간에 우리의 영혼을 갉아먹는 영적 암처럼 시기가 그 병을 앓고 있는지도 모르는 많은 그리스도인의 큰 적이라고 확신하게 되었다. 이 책에서 마이크 페버레즈는 영혼의 참된 의사처럼 우리 모두의 마음속에 있는 시기의 끔찍한 죄를 진단하고, 오직 그리스도 안에 있는 강력한 치료제를 처방한다. 당신이 꼭 이 책을 읽고 다른 사람들에게도 읽으라고 권하기를 바란다.

히스 램버트 HEATH LAMBERT
플로리다주 잭슨빌 소재 제일침례교회 담임목사

이 책은 제목이 모든 것을 말해준다. 『나를 무너뜨리는 내 안의 적』. 이 책에서 마이크 페버레즈는 합리화의 층들을 걷어내어 우리 모두 숨은 시기의 죄와 싸우고 있다는 사실을 보여준다. 그는 이 죄를 드러낼 뿐 아니라 우리가 우리보다 성공한 사람에 관한 소식을 듣고 진정으로 기뻐할 수 있도록, 자유로 가는 길을 보여준다. 매우 사려 깊은 책이다. 읽고 삶에 좋은 영향을 받으라.

어윈 루처 ERWIN W. LUTZER
시카고 무디교회 은퇴 목사

이 책에서 마이크 페버레즈는 흔하지만 자주 간과하는 죄를 철저히 성경적인 방식과 목회자의 마음으로 다루고 있다. 이 책은 감사, 기쁨, 삶의 열매를 말라버리게 하는 이 치명적인 죄를 죽이려는 모든 사람에게 큰 도움이 될 것이다.

에릭 손즈 ERIK THOENNES

바이올라대학의 탈봇신학교 교수, 캘리포니아주 라미라다 소재 은혜 복음주의 자유교회 목사, 『경건한 질투』(Godly Jealousy)와 『인생 대질문』(Life's Biggest Questions)의 저자

마이크 페버레즈 목사는 탁월한 성경 교사이자 현대 문화의 통찰력 있는 분석자다. 솔직함과 영적 통찰로 무장한 이 책에서 그는 위장에 능하고, 수많은 삶과 관계, 공동체를 파괴하고 있는 치명적인 적의 정체를 밝혀낸다. 내가 이 책을 강력하게 추천하는 이유는, 이 책이 당신 마음속에 있을지 모르는 시기의 증상을 정확하게 진단하게 해줄 뿐 아니라 시기의 치명적인 흐름에 맞서 싸우기 위한 실천적이고 효과적인 길을 제시하기 때문이다. 이 책은 시기를 극복하는 법에 관해 내가 읽은 훌륭한 책 가운데 하나다.

마크 조브 MARK JOBE

무디성경학교 총장, 뉴라이프 커뮤니티교회 담임목사

우리는 시기가 가득하고 시기로 움직이는 세상 속에서 살고 있다. 소셜미디어와 우리의 만족할 줄 모르는 물질주의는 시기를 미덕으로 포장해왔다. 페버레즈는 성경의 진리를 사용하여 이 포장을 벗겨, 우리가 얼마나 쉽게 이 용인 가능한 죄의 먹잇감이 되고 있는지를, 시기라는 근본적인 죄가 우리 삶 속을 얼마나 깊이 파괴하는지를 보여준다. 이 책은 죄를 깨닫게 하는 동시에 우리를 회복시킨다. 페버레즈는 시기를 물리치기 위한 성경적인 방어술을 제시하는 동시에, 자유와 생명을 낳는 경건한 동기를 추구하기 위한 성경적인 공격술을 제시한다.

데일 존슨 주니어 T. DALE JOHNSON JR.

공인 성경 상담자 협회(The Association of Certified Biblical Counselors) 회장, 미드웨스턴 침례신학교 상담 프로그램 책임자

나를 무너뜨리는 내 안의 적

마이크 페버레즈 지음
정성묵 옮김

Envy

Copyright ⓒ 2023 by Mike Fabarez
First published in the United States by Moody Publishers, 820 N.
LaSalle Blvd., Chicago, IL 60610, USA
All rights reserved.

This Korean translation edition ⓒ 2024 by Timothy Publishing House,
Inc., Seoul, Republic of Korea
Published and translated by permission.

이 한국어판의 저작권은 Moody Publishers와 독점 계약한 (주)도서출판 디모데에 있습니다.
신저작권법에 따라 한국 내에서 보호받는 저작물이므로 무단 전재와 무단 복제를 금합니다.

나를 무너뜨리는 내 안의 적

1쇄 발행 2024년 9월 13일

지은이 마이크 페버레즈
옮긴이 정성묵
펴낸이 고종율
펴낸곳 주)도서출판 디모데〈파이디온선교회 출판 사역 기관〉
등록 2005년 6월 16일 제 319-2005-24호
주소 서울특별시 서초구 서초대로 141-25(방배동, 세일빌딩)
전화 마케팅실 070) 4018-4141
팩스 마케팅실 02) 6919-2381
홈페이지 www.timothybook.com

ISBN 978-89-388-1708-2 (03230)
ⓒ 2024 도서출판 디모데 All rights reserved.〈Printed in Korea〉

나를 무너뜨리는 내 안의 적

마이크 페버레즈 지음
정성묵 옮김

탐심에서
파괴로 이끄는
시기와 질투

차례

들어가는 글 … 15

1장. 시기 드러내기 … 25

2장. 시기의 내적 대가 … 47

3장. 시기의 관계적 대가 … 71

4장. 시기의 사회적 대가 … 93

5장. 시기에 반격하는 법, 평가 … 117

6장. 시기에 반격하는 법, 사랑 … 143

7장. 시기에 반격하는 법, 기쁨 … 165

나오는 글: 앞으로 어떻게 할 것인가? … 187

주 … 194

들어가는 글

사도 바울은 디모데에게 "믿음의 선한 싸움을 싸우라"(딤전 6:12)고 권면했다. 그리고 죽음을 목전에 두고서는 지난 세월을 돌아보며 이렇게 말했다. "나는 선한 싸움을 싸우고"(딤후 4:7). 또 다른 성경 구절에서는 우리에게 "하나님의 전신 갑주를 입으라"(엡 6:11)고 촉구했다. 이런 비유는 신약 곳곳에서 나타난다. 문득 궁금해진다. 그리스도인의 삶을 전쟁으로 보면 당신의 머릿속에서 무엇이 떠오르는가?

혹시 고린도후서에 기술된 '전쟁 무기'가 떠오르는가? 영적으로 적대적인 문화 속에서 사는 우리를 위한 무기들이 있다. 하나님을 아는 지식에 대적하는 거만한 주장과 의견을 파괴할 수 있도록 하나님이 주신 성경적인 무기들이 있다(고후 10:4-5). 혹시 예수님이 말씀하신 복음의 공격이 떠오르는가? 우리는 "음부의 권세"에 맞서 은혜의 복음을 담대히 전해야 한다(마 16:18). 혹은 전쟁과 싸움에 관한 이런 기독교의 표현을 더는 참아주지 못하겠는가? 허프포스트(HuffPost)에 글을 기고한 한 저자는 군사 용어를 사용하는 그리스도인들에게 분노했다. 그녀는 교회에서 영적 정복과 신학적 전쟁에 관한 용어를 듣는 데 진저리가 났다. 그녀는 모든 종교적인 단어를 순화해야 한다는 강한 사명감을 느끼고서 한 유명 언론사에 "기독교의 전쟁 비유에 전쟁을 선포한다"라는 글을 기고했다.[1)]

부적절하다고 생각하는 것을 바꾸려는 열정과 노력은 높이 산다. 하지만 그 열정을 표현하는 방식은 이해하기 힘들다. 기독교의 전쟁 비유에 대해 '전쟁을 선포하겠다는' 그녀의 결정은 오히려 그런 비유가 왜 적절하고 때로는 필요하기까지 한지를 보여줄 뿐이다.

물론 기독교 신앙에는 싸움과 씨름, 전쟁 선포와 거리가 먼 부드러운 면이 있다. 하지만 기독교 신앙에는 강력한 무기로 공격해야 할 부분도 있다. 물론 이것은 비유적인 표현일 수 있지만, 때로 우리는 강력한 결단을 내리고 용맹무쌍하게 행동해야 한다. 하나님은 이런 공격에 대해 많은 관심을 기울여 말씀하시고 귀에 거슬리는 비유를 사용하셨다. 분명 하나님은 성경에서 이런 공격을 촉구하셨다.

그리스도인의 삶에서 전도와 변증처럼 힘든 일은 병사의 용맹함과 전쟁과 같은 끈덕짐이 필요하다. 세상 가치와 이상, 이념이 매일 우리를 잠식하기에 진리를 위해 무장하는 일이 꼭 필요하다(유 1:3). 그리고 이런 끊임없는 외적 전쟁에서 우리를 돕기 위해 매년 좋은 기독교 서적이 많이 출간되고 있다. 하지만 이 책은 그런 책이 아니다.

우리가 참여하도록 부름을 받은 가장 어렵고도 개인적인 전쟁은 우리 삶의 '내적' 전쟁이라는 점을 잊지 말아야 한다. 이것은 주립 대학교나 백악관, 지역 학교 위원회가 참여하는 신앙의 전쟁이 아니다. 이것은 수개월, 아니 수십 년간 지속되는 힘겨운 전쟁이다. 오늘도 내일도 이번 주도 다음 주도 계속되는 매우 소모적인 전쟁이다. 안타깝게도 이것은 우리가 이 땅에서 남은 평생 싸우게 될 전쟁이다.

하나님은 우리의 적을 "영혼을 거슬러 싸우는"(벧전

2:11) 내적 욕구와 정욕의 집합으로 기술하신다. 하나님은 "그러므로 땅에 있는 지체를 죽이라"(골 3:5)는 강력한 표현을 쓰시면서까지 모든 그리스도인에게 무장을 촉구하셨다.

이렇게 전쟁을 촉구하는 구절은 대개 우리 안에서 일어나는 악한 보병들의 정체를 나열한 목록으로 우리에게 도움을 준다. 그리스도인의 삶에서 충분히 피할 수 있는 이 적들은 알아차리기도 매우 쉽다. 이것들은 '성적 음란'이나 '분노의 폭발', '외설스러운 말'처럼 익숙한 배지를 단 타락한 육체의 욕구들이다. 이것들은 대개 어렵지 않게 정체를 파악할 수 있다. 그리고 그리스도께 충성을 다하기 위한 싸움에서 이런 것이 나타나면 곧바로 후회와 수치심, 죄책감을 일으킨다.

하지만 쉽게 눈에 띄지 않는 또 다른 내적 적군들이 있다는 점을 반드시 알아야 한다. 이것들은 너무도 은밀하고 음험하고 교묘해서, 자신이 이것들의 공격을 받은 적이 있거나 현재 받고 있는지를 깨닫는 그리스도인이 거의 없을 정도다. 어떤 악한 욕구는 제트 엔진의 굉음 혹은 200킬로그램짜리 폭탄처럼 귀청을 터지게 하는 폭발음과 함께 우리의 마음을 공격하지만, 위장한 저격수처럼 우리 마음을 공격하는 내적인 적도 있다. 이런 적은 소음기를 단 치명적인 무기를 들고 수풀 속에 숨은 노련한 저격병과도 같다. 이런 치명적인 명사수는 우리가 무엇에 당하는지도 알기 전에 우리에게 상처를 준다.

그렇다. 그리스도인의 삶은 전쟁이다. 그리고 하나님은 우리를 준비시키기를 원하신다. 하나님의 말씀은 이 은밀한 내적 적들에 관해서 우리에게 경고하고 있고, 지금은 그 어느 때보다도 이 적들을 경계해야 한다. 그중에서도 나는 특히 한 적이 계속해서 레이더망을 피해서 날아다닌다는 사실을 발견했다. 그 적은 내 삶에도 있다. 그리고 필시 당신의 삶에도 있을 것이다.

아마 내가 어떤 적을 말하는지 알 것이다. 이 책의 제목에 단서가 있으니까 말이다. 이 작은 단어 하나는 우리의 성화에 큰 위협이 되는 적을 지칭한다. 필시 이 적은 이미 당신의 삶을 수없이 폭격했을 것이다. 그리고 당신은 그로 인한 고통으로 애통해하고 슬퍼했을 것이다. 하지만 우리는 모두 어떤 일을 당했는지 모를 때가 너무도 많다. 저격병의 정체도 모르고서 당할 때가 너무 많다.

오랫동안 목회를 해온 목사로서 나는 지금까지 전한 설교의 데이터베이스를 보관하고 있다. 내가 이곳 캘리포니아주 남부에서 우리 교인들에게 전한 설교 수천 편

뿐 아니라 다른 교회나 대학교, 집회에 초빙을 받아 전한 설교 수백 편도 다 정리해놓았다. 내가 전한 설교의 본문과 관련 주제도 다 디지털 자료로 남겨놓았다. 나는 이 자료를 특별히 관리하고 있다. 가끔 다른 교회나 조직에서 내게 특정 주제로 설교를 부탁하면, 이 데이터베이스에서 내가 그 성경 주제로 전한 설교를 돌아본다. 그런데 최근 이 특정한 죄에 관해 자세히 다루어달라는 부탁을 받고 데이터베이스를 확인해보니, 내가 이 치명적인 죄를 직접적으로 다룬 설교는 단 한 편뿐이라는 사실을 깨달았다.

이제 흔하지만 자주 무시되는 이 죄를 더 깊이 파헤칠 때가 되었다. 나는 사도행전 13장에서 바울이 폭도에게 쫓겨나고 공격을 당한 사건을 연구하다가 그런 결심을 하게 되었다. 이 본문으로 설교를 준비하던 차에 성경이 사도 바울을 살해하려고 했던 리더들의 숨은 동기를 진단했다는 점이 눈에 들어왔다. 더 나아가, 이 사건은 그리스도를 로마인들에게 넘겨주어 십자가에서 돌아가시게 했던 유대인 리더들의 숨은 동기도 분명하게 보여주고 있다.

하나님은 이 모든 반대와 비난, 비방, 음험한 살해 모의 이면의 동기를 밝혀주셨다. 이것보다 더 악한 동기가 또 있을까? 곰곰이 생각하다가 성경을 정신없이 뒤지기 시작했다. 갈등, 분노, 우울함, 분노, 절망, 적대감으로 가득한 모든 성경 구절이 어떤 식으로든 시기의 죄와 연결되어 있었다.

가끔 눈앞이 훤해져서 내가 너무도 분명한 뭔가를 간과했다는 점을 깨달을 때가 있다. 그때가 그랬다. 먼지가 수북한 옛 목회 신학 책들에서 시기에 관한 글을 많이 읽었다는 점을 기억해냈다. 이어서 내 마음은 교회사를 거슬러 올라갔다. 교회사 속 신자들이 저지른 수많은 악행이 생각났고, 거기에는 여지없이 시기가 있었다. 시기는 흔히 '죽음에 이르는 일곱 가지 죄악'(seven deadly sins)이라고 부르는 죄 가운데 하나다. 이런 죄는 수만 가지 작은 죄의 원천이기 때문에 '대죄'(capital sins)라고도 한다. 수 세기 동안 교회에서는 이런 죄를 수많은 다른 죄의 '주된 죄'이자 '감독', '지휘자'로 부르며 경계해왔다.[2]

이전 세대의 그리스도인을 위한 일반적인 훈련을 보면 교만, 탐욕, 정욕, 분노 같은 익숙한 죄를 다룬 것을 볼 수 있다. 나는 이런 주제를 직접적으로 다룬 설교를 많이 했다. 경건함으로는 가는 여행에서 많은 문제를 일으키는 이 치명적인 죄들에 관해서 여느 목사처럼 설교단을 내리치면서 경고했다. 최근 많은 책과 설교에서 탐욕과 나태를 다루었고, 이 죄들은 그리스도인의 성장에 위협으로 여겨졌다. 하지만 오늘날 그리스도인을 겨냥하는 이 치명적인 저격수 중 시기보다 더 교활하고 효과적으로 위장하는 놈은 없다. 그래서 놈은 하루도 빠짐없이 희생자를 쓰러뜨리고 있다.

사도행전 13장을 본문으로 설교한 직후에 한 주간을 꽉 채운 약속을 살펴보니, 내게 상담이나 상의를 요청한 다른 목사와 교역자가 겪고 있는 문제, 위기, 갈등의 원인이 시기라는 사실을 발견하게 되었다!

우리가 성경을 토대로 이 위협을 파악하면 수많은 죄의 우두머리인 이 죄를 경계하고 대비하고 물리칠 수 있다고 생각한다. 이 죄는 우리에게 생각보다 큰 피해를 준다. 하나님의 말씀을 쌍안경으로 활용하고 성령의 인도하심을 받으면, 사방에서 이 교활한 저격수를 발견하기 시작할 것이다. 인제 그만 당하고 강력한 반격을 할 때다.

이 짧은 책에서는 먼저 성경 인물의 삶 속에서 이 범죄자를 찾아내고, 이 문제를 성경의 관점에 따라 정의할 것이다.

그다음에는 이 악이 우리의 마음과 정신 속에서

마음대로 날뛰도록 방치할 때 따르는 내적 대가에 관해 생각해볼 것이다. 그리고 이 적을 몰아내야 하는 성경적인 이유 몇 가지를 살펴볼 것이다. 또 이 죄가 우리 생각 속에 자리를 잡으면 필연적으로 관계가 망가진다는 점도 살펴볼 것이다. 가족, 친한 친구뿐만 아니라 우리 교회와 사회에서 관계들이 무너진다. 시기의 촉수는 생각보다 우리 사회와 교회를 좀먹는 논쟁과 관련이 깊다.

탐욕과 시기, 그리고 그 관련 요소들을 금하는 하나님의 가르침과 엄격한 명령에서 그분의 은혜와 긍휼을 확인할 것이다. 그런 다음에는, 이 바이러스를 파악하여 죄를 뿌리 뽑고 그 파괴적인 피해를 복구하기 위한 성경적 반격을 모색해보자. 그리고 성경에서 처방하는 습관과 원칙으로 우리의 삶을 지키기 시작하자. 이런 습관과 원칙으로 치명적인 시기의 죄를 공격하면 큰 효과를 볼 수 있다.

언젠가 오셔서 우리의 타락한 육신 속에서 구속의 사역을 완성하시고, 반항적인 세상 문화를 회복하시며, 마귀를 멸망시키신다는 우리 구속자의 약속에서 용기를 얻기를 바란다. 그리스도가 돌아오셔서 우리의 관계들이 시기라는 무시무시한 적의 파괴적인 공격에서 영원히 해방되는 최후 승리의 날을 바라보면, 큰 힘과 용기를 얻을 수 있다. 당신이 오늘부터 이 적과 정면으로 맞서 큰 진전을 이루고자 필요한 것을 찾게 되기를 기도한다.

자, 이제 본격적으로 시작해보자.

1장

시기 드러내기

바로 오늘 아침 큐티 시간에 요한복음의 마지막 장들을 읽다가 한 성경 인물에게 또다시 동정이 갈 수밖에 없었다. 그는 딜레마에 빠져 있었다. 그것은 아마도 상상할 수 있는 가장 큰 딜레마일 것이다. 그는 그야말로 진퇴양난에 빠져 있었다. 그는 하나님 구속 사역의 주춧돌과 성난 군중 사이에서 이러지도 저러지도 못하고 있었다.

이 사람은 다름 아닌 로마의 유대 총독 본디오 빌라도였다. 직책상 그는 상충하는 이해관계 사이에 있을 수밖에 없었다. 2,300킬로미터 밖에서 편히 지내는 권력자 로마 황제를 위해 예루살렘의 거리에서 종교적인 1세기의 유대인들을 통치하려고 하면 늘 긴장 속에서 살 수밖에 없었다. 로마 황제의 이미지를 담은 휘장을 예루살렘 전역에 세우려고만 해도 유대인들의 저항과 폭동이 일어났다.[3]

우리는 모두 빌라도가 예수님을 십자가에 못 박으라고 요구하는 적대적인 유대인들을 달래는 일과 옳은 일 사이에서 오락가락하던 장면을 익히 알고 있다. 심지어 그의 아내도 예수님을 방면하라고 촉구했다. 로마 관리라고 하면 우리는 원형 경기장에서 무자비하게 엄지손가락을 아래로 향해 불쌍한 사람들을 맹수의 밥이 되게 만든 자들을 떠올린다. 하지만 그런 이미지와 달리, 빌라도는 매우 심란했다. 그는 그리스도를 깊이 동정했다. 그는 진심으로 예수님을 풀어주고 싶었다. 그래서 그가 악인이었는지에 대해 교단마다 의견이 분분하고, 그가 나중에 그리스도의 열렬한 제자가 되었을지도 모른다고 주장하는 이들도 있다.[4]

어떤 경우든 빌라도는 유대의 폭도가 그리스도께 잘못을 저지르고 있다고 판단했다. 그는 적대적인 행동과 말 이면을 꿰뚫어 보고 있었다. "대제사장들이 시기로 예수를 넘겨준 줄 앎이러라"(막 15:10). 보다시피 그는 짐작한 것이 아니었다. 여기서 "앎"으로 번역된 헬라어 단어는 뭔가를 알거나 이해하거나 배운다는 의미로 흔히 사용하는 단어다.[5] 권력 투쟁에 익숙했던 빌라도는 어떤 상황이 벌어지고 있는지 정확히 이해했다. 그리스도의 인기가 치솟고 있었다. 군중은 그 '랍비'에게 경의를 표하기 위해 종려나무 가지를 흔들고 자기 옷을 길에 깔았다. 나사렛에서 갑자기 나타난 인물로서는 너무 과한 관심이었다.

빌라도는 성경에서 가장 터무니없고 부당한 행위, 즉 하나님의 완벽하신 아들의 폭력적이고 고통스러운 죽음이 시기에서 비롯했다는 점을 간파했다. 이 사실은 매우 뜻밖이다. 유대 시민들이 이 사건을 있는 그대로 볼 수 있었다면 어땠을까? 유대인 지도자들이 거울을 보고 자신의 삶과 가르침, 리더십이 메시아만큼 인기가 없었다는 사실을 직시할 수 있었다면 어땠을까? 로마 총독만큼 자기 평가가 분명하고 정확했다면 어땠을까?

거울

우리가 과거로 돌아가 본디오 빌라도의 십대 시절 학우와 인터뷰하거나 그의 정적들과 이야기를 나눌 수 있다면 어떨까? 그들에게 그가 시기심이 많은 사람이었는지 물어본다면 그들은 뭐라고 대답할까? 그는 야망으로 인해 남들을 시기했을까? 그가 비방이나 험담으로 정적들을 몰래 공격했다는 이야기를 듣게 될까? 그가 동료의 자리를 시기해서 그들을 밟고 일어섰다는 이야기를 듣게 될까? 분명 그러리라 생각한다. 하지만 대부분 사람처럼 그는 자신이 시기심을 얼마나 자주 표출했는지를 잘 몰랐을 것 같다.

다른 모든 죄와 마찬가지로 자신보다 남들 속에 있는 시기를 보기가 훨씬 더 쉽다. 하나님이 성경에서 계속해서 지적하신 사실 중 하나는 우리가 다른 사람의 죄에는 쉽게 분노하지만, 자기 죄는 좀처럼 알아차리지 못한다는 것이다. 우리는 자신을 잘 보지 못한다. 그래서 자신이 실제보다 훨씬 더 나은 사람이라고 생각한다. 안타깝게도 우리는 다른 사람의 음해하는 행동, 경쟁적 행동, 분노의 모습을 더 잘 보는 능력을 가졌다. 그런데 하나님 말씀에 나오는 것처럼, 이런 능력 때문에 더욱더 우리 자신의 죄에 관해 '핑계하지 못하게' 된다. 우리의 죄를 깨닫게 하는 다음 말씀을 새겨들으라.

그러므로 남을 판단하는 사람아, 누구를 막론하고 네가 핑계하지 못할 것은 남을 판단하는 것으로 네가 너를 정죄함이니 판단하는 네가 같은 일을 행함이니라 이런 일을 행하는 자에게 하나님의 심판이 진리대로 되는 줄 우리가 아노라 이런 일을 행하는 자를 판단하고도 같은 일을 행하는 사람아, 네가 하나님의 심판을 피할 줄로 생각하느냐?(롬 2:1-3)

    이웃의 것을 탐내어 그것을 탐욕스럽게 취한 사람에 관한 이야기를 나단이 해주었을 때 다윗 왕이 보여준 날카로운 판단을 기억하는가? 성경은 다윗이 즉시 "노하여" 재빨리 판결을 내렸다고 말한다. "이 일을 행한 그 사람은 마땅히 죽을 자라"(삼하 12:5). 다윗으로 하여금 자신의 판결 속에서 자기 자신을 보게 만들기 위해 나단이 한 말을 다들 잘 알 것이다. "당신이 그 사람이라"(7절).
    한편, 나단은 선지자였다. 우리에게도 우리의 이중 잣대를 지적해줄 선지자가 곁에 있다면 얼마나 좋을까? 하나님의 진리는 '활력'이 있는 상태로 늘 변함없이 우리의 책장에 꽂혀 있다. 또한 우리의 휴대폰 안에도 있다. 우리가 성경을 펴기만 하면 하나님의 진리는 죄의 자각으로 우리 영혼을 "찔러 쪼개"고 우리의 삶을 깊이 파헤쳐 "마음의 생각과 뜻을 판단"(히 4:12)한다. 우리는 하나님처럼 이중 잣대 없이 자기 자신을 봐야 한다. "지으신 것이 하나도 그 앞에 나타나지 않음이 없고 우리의 결산을 받으실 이의 눈앞에 만물이 벌거벗은 것같이 드러나느니라"(히 4:13).

이 생각을 하면 정신이 번쩍 든다. 하나님은 우리의 삶을 곪게 만드는 남모를 죄의 문제를 하나도 빠짐없이 완벽하게 간파하신다. 우리에게 절실하게 필요한 것은 이런 악한 도덕적 문제를 하나님처럼 분명하게 보는 것이다. 그렇게 하기 전에는 그 문제가 계속해서 피해를 일으킬 수밖에 없다. 하나님이 은혜롭게도 해법을 제공해주시지만, 죄를 정확히 파악하기 전에는 고칠 수 없다.

하나님의 기록된 말씀은 우리 자신을 정확히 보기 위한 거울이다(약 1:23). 단, '집중해서' 봐야 한다. 자주 봐야 한다. 무엇보다도, 그 말씀대로 행하겠다는 의지를 갖고 봐야 한다(22절).

하나님의 말씀 속에서 보내는 시간이 우리에게 필요한 것이다. 기도하고 반성하면서 이 주제에 관한 하나님의 가르침 전체를 묵상해야 한다. 우리가 정말 자주 넘어가는 죄들에 관해서는 이렇게 하는 것이 특히 더 시급하다. 성경에서 시기라는 지긋한 죄를 다루는 내용은 생각보다 훨씬 더 많다. 성경에서 이 문제가 자주 나타나며, 성경의 많은 내러티브와 텍스트에서 우리 자신의 죄를 볼 수 있다. 그저 열심히 찾기만 하면 그것을 찾을 수 있다.

우리가 찾고 있는 것

매일 거울 앞에서 오랜 시간을 보내는 열일곱 살 소녀에게 무엇을 찾고 있는지 굳이 물을 필요가 없다. 답은 뻔하다. 그 소녀는 모든 흠을 찾아서 재빨리 해결하기를 원한다. 그리고 그런 작은 흑과 점을 다루기 위한 도구들이 화장대 앞에 완벽히 준비되어 있다.

우리가 찾고 있는 유해한 흠은 시기다. 그런데 우리 대부분은 그 시기가 어떤 것인지를 제대로 모르고 있다. 따라서 이 주제에 관한 예수님의 가르침을 조사해보자. 그러면 시기가 어떤 것인지를 분명히 알게 될 것이다. 먼저, 그리스도가 비유로 말씀하신 일당 노동자의 이야기부터 살펴보자.

이 이야기는 마태복음 20장에 기록되어 있다. 이 비유의 도입부는 동네 철물점이나 페인트 가게 주차장에 줄을 서서 일거리를 찾는 남자들의 이미지를 떠올리게 한다. 내가 사는 마을 옆에는 시 당국이 일용직 근로자 전용 주차장과 일용직 근로자 센터까지 마련해두었다. 예수님은 새벽에 일단의 일당 노동자와 지주 사이에서 이루어진 구두 합의를 묘사하심으로써 시기를 정의하기 위한 이야기를 시작하신다. 지주는 그들에게 한 '데나리온'을 주기로 합의한다. 이것은 1세기에 비숙련 노동에 주어지던 일반적인 품삯이었다.

일당 노동자들은 지주의 제시를 흔쾌히 받아들이고, 그의 포도원에 들어가 일하기 시작한다. 그런데 아침나절에 철물점으로 다시 가는 집주인처럼, 몇 시간 뒤 지주는 시장으로 돌아가 남은 인력이 더 있는지 살펴본다. 그는 그들에게 두둑한 품삯을 약속하면서 일꾼으로 부른다. 그리하여 그들도 일을 시작한다. 그런데 몇 시간 뒤 지주는 다시 시장으로 돌아가 남은 인력이 있는 것을 보고 같은 말을 한다. 그렇게 더 많은 일꾼이 팀에 합류한다. 오후에도, 그리고 해 지기 직전에도 같은 일이 벌어진다.

해가 뉘엿뉘엿 지고 귀뚜라미가 울기 시작하자, 지

주는 품삯을 나눠주기 위해 십장을 불러 일꾼들을 줄 세우게 한다. 지주는 돈가방을 들고 십장에게 먼저 해가 지기 한 시간 전에 일을 시작한 일꾼들에게 품삯을 주라고 지시한다. 자신이 한 일에 비해 열 배 이상 많은 돈을 받은 일꾼들은 놀란 표정을 짓고 이내 입이 귀에 걸린다.

동이 틀 때 고용된 일꾼들도 놀란 표정을 짓는다. 하지만 그것은 좋아서 놀란 표정이 아니라 화난 표정이다. 스크린의 초점이 그들에게로 집중된 장면을 상상해보라. 그들이 고개를 갸웃거리며 수군거린다. "저자들은 뭐야?" "이게 무슨 일이야?" "저자들은 왜 특별 대우를 받는 거야?" "저자들은 조금밖에 일하지 않았어." 예수님이 이 시기심 많은 남자의 입술을 통해 사용하신 표현은 이러하다. "나중 온 이 사람들은 한 시간밖에 일하지 아니하였거늘 그들을 종일 수고하며 더위를 견딘 우리와 같게 하였나이다"(마 20:12).

그리스도의 비유에서 지주의 반응은 그들에게 전혀 도움이 되는 것처럼 보이지 않는다. "친구여 내가 네게 잘못한 것이 없노라 네가 나와 한 데나리온의 약속을 하지 아니하였느냐 네 것이나 가지고 가라"(13-14절). 이 논리를 반박하기는 어려웠다. 노동에 관해 그들에게 구두로

한 약속은 지켜졌다. 좋은 분위기에서 합의가 이루어졌고, 일꾼들은 일을 했으며, 고용주는 약속한 대로 품삯을 치렀다. 모든 것이 완벽하고 깔끔했다. 유일한 문제는 인간 마음의 얼룩이었다. 이 상황은 남들의 것이 '더 두둑해' 보이면 내 것이 두둑해도 두둑하지 않다고 말하는 타락한 인간의 추악한 성향을 적나라하게 드러낸다.

이어서 예수님은 그들을 꾸짖으신다. 그분은 우리가 다시 여러 각도에서 살펴볼 한 가지 원칙을 보여주신다. 그분은 문제의 핵심을 꼭 꼬집어 우리가 시기를 이해하도록 도와주신다. 그분은 바로 다음과 같이 말씀하신다.

네 것이나 가지고 가라 나중 온 이 사람에게 너와 같이 주는 것이 내 뜻이니라 내 것을 가지고 내 뜻대로 할 것이 아니냐 내가 선하므로 네가 악하게 보느냐(마 20:14-15).

시기라는 단어

마지막 문장에는 '시기'라는 단어의 기원이 숨어 있

다. 신약의 원어인 1세기 헬라어로 이 구절을 보면 대학교에서 코이네 헬라어(Koine Greek)를 공부한 사람이라도 번역에 어려움을 겪을 수 있다. 이 문장을 문자적으로 읽으면 이렇다. "내가 선하기 때문에 네가 악한 눈으로 보느냐?"

눈? 도대체 무슨 뜻인가? 다 알다시피 우리보다 두둑하게 가진 사람 앞에서 우리의 눈은 이상해진다. 물론, 찡그린 표정과 노려보는 눈빛은 내면의 시기가 표현된 것이다. 누군가가 좋은 것을 우리보다 더 많이 받으면 우리는 악한 눈으로 그를 본다. 그를 싫어하고, 그것이 표정, 특히 눈에서 드러난다. 악한 눈으로 보는 것은 우리가 원하는 복이나 혜택을 얻은 사람을 분노와 원망의 눈으로 보는 것이다. 그가 가질 자격이 없다고 생각하는 것이다. 이것이 시기가 단순히 탐내거나 부러워하는 것 이상인 이유다(이 점에 관해서는 다음 장에서 더 자세히 살펴보자).

시기는 단순히 상대방이 가진 것을 원하는 데서 더 나아간다. 그것은 그 사람이 그것을 가졌다는 사실에 반감과 분노를 품는 것이다. 그러면 상대방을 흘겨보게 된다. 한 데나리온을 받기로 하고 종일 일하고 나서 조금밖에 일하지 않은 사람도 한 데나리온을 받는 것을 보면 우리의 눈은 그런 식으로 보게 된다. 말 그대로 상대방을 잡아 죽일 듯 흘겨보게 된다.

시기는 불만이다. 누군가가 누릴 자격이 없는 복과 이점, 기회를 누리는 것처럼 보일 때 우리 안의 시기심은 주로 눈빛으로 표출된다. 이것은 '악한 눈'이다. 이것은 나쁘고 불합리하고 악한 분노가 표정으로 표출되는 것이다. 여기에서 영어의 '시기'(envy)라는 단어가 비롯했다.

사람이나 사물을 보거나 응시하는 것에 해당하는 라틴어 단어는 '인비디아'(*invidia*)다. 이 단어의 끝부분에서 '영상'(video)이라는 단어가 나왔다. 우리는 영상을 본다. 영상을 응시한다. 이 단어의 앞부분 '인'(in)은 라틴어로 '-을'을 의미한다. 누군가를 바라보고, 응시하며, 흘깃 쳐다보는 것이 '시기'(envy)의 어원이다. 라틴어 '인비디아'와 영어 '엔비'는 발음도 비슷하다. '시기'라는 단어를 들을 때 영상 보는 것을 떠올리는 것은 적절하지 않겠지만, 그리스도의 날카로운 질문을 기억해야 한다. "내가 그 사람에게 선하게 대하고 후하게 베푼다고 해서 악한 눈으로 보느냐?"

이제 이 말씀이 무슨 뜻인지 이해할 것이다. 네 마음이 어떤 상태냐? 네가 시기하고 있느냐? 남들이 네게 없는 복을 누린다고 해서, 다른 일꾼들이 너처럼 일한 만큼 받았다고 해서 분노와 불만을 품고 있느냐? 하나님이 너보다 그들에게 더 후히 베푸시는 것 같아 화가 났느냐?

사울의 나쁜 눈

3천 년 전 이스라엘의 왕 사울은 위의 질문에 그렇다고 고백했어야 했다. 샛별처럼 갑자기 나타난 다윗이라는 젊은이가 연일 헤드라인을 장식하고, 사울이 다스려야 할 이스라엘 백성의 마음을 사로잡았다. 다윗은 도무지 이길 수 없을 것만 같던 적인 블레셋 거인의 미간에 돌을 적중시켰다. 사울의 군대 사령관은 다윗에게 완전히 반해, 이 새로운 전사를 자신의 엘리트 팀에 영입하기 위해 늦게까지 집무실에 머물렀다. 게다가 온 도시의 여성들이 "사울이 죽인 자는 천천이요 다윗은 만만이로다"(삼상 18:7)라며 새총이나 들고 다니는 어린 녀석을 치켜세우니 어찌 흘겨보지 않을 수 있겠는가.

당신이 사울의 측근이라면, 왕이 점심을 먹으며 이 보잘것없는 꼬마에 대해 모든 사람이 호들갑을 떠는 것을 욕할 때 고개를 끄덕이며 맞장구를 쳐야 했을 것이다. 성경은 이런 사울의 감정을 정확히 표현하고 있다.

> 사울이 그 말에 불쾌하여 심히 노하여 이르되 다윗에게는 만만을 돌리고 내게는 천천만 돌리니 그가 더 얻을 것이 나라 말고 무엇이냐 하고 그날 후로 사울이 다윗을 주목하였더라(삼상 18:8-9).

이번에도 눈이 등장한다. 그 후로 사울은 다윗을 주목했다. 주목하는 것은 보는 것이며, 그것은 곧 '시기'라는 단어의 원래 의미다. 사울은 다윗을 위아래로 훑어보며 속으로 투덜거렸다. '이 꼬마가 뭐가 대단하다는 거야? 녀석이 이런 찬사를 받을 만한 자격이 있어? 정말로 이 녀석이 나보다 나은 전사라고 생각하는 거야? 어떻게 그렇게 빨리 많은 것을 가질 수 있지? 왜 모두가 이런 애송이에게 아양을 떠는 거야?'

이런 원한은 우리 모두 가지고 있는 근본적인 감정이다. 우리가 예전에 가졌던 것이나, 가지고 싶은 것이나, 더 많이 가진 사람을 속으로 계속해서 비판할 수 있다. 자신도 모르게 입이 삐쭉 나오고, 인상이 찌푸려지고, 흘겨보면서 속으로 투덜거릴 수 있다. '왜 저 사람이 승진했지? 왜 저 여자만 칭찬을 독차지하는 거지? 왜 저 집 아이들은 저렇게 운이 좋지?'

우리의 눈이 그 사람에게로 고정되고, 부당하고 불공평해 보이는 상황에 분노하고 불안해지며 짜증이 난다. 하지만 안타깝게도 이것은 단지 시작일 뿐이다. 앞서 말했듯이, 우리의 영적 선조들은 시기의 죄를 '대죄' 혹은 '죽음에 이르는 죄'로 분류했다. 그것은 이 죄가 필연적으로 온갖 다른 죄들을 부추기기 때문이다.

시기 때문에 던지게 된 창

사무엘상에서 사울의 마음을 진단한 직후에 어떤 내용이 나오는지가 중요하다. 그 구절은 내가 주일학교 시절부터 생생하게 기억하는 한 장면을 묘사한다. 당연히 주일학교 선생님들은 항상 골리앗을 이긴 어린 다윗이 왕실 하프 연주자로 사울의 궁전에서 충성스럽게 섬기는 모습을 우리와 동일시하며 설명했다. 그러다 갑자기 선생님들은 수염을 기르고 왕관을 쓴 왕이 화를 내며 민첩한 청년 다윗에게 창을 던지는 장면을 묘사했다.

어릴 적에 이 이야기를 여러 번 읽었는데, 그때마

다 이런 생각을 했다. '영웅 이야기에서 이런 일이 일어나다니, 말도 안 돼.' 하지만 사울의 입장이 되어, 최소한 이 이야기 속에서 우리 자신의 모습을 한번 보라. 아마추어 병사(이자 뛰어난 음악가)가 온갖 찬사를 받고 점점 더 많은 스포트라이트를 받는 상황에서 왕좌를 지키려는 왕을 우리 자신이라고 생각해보자. 그러면 사울의 마음속에 휘몰아친 고통, 불만, 두려움을 이해할 수 있고, 심지어 그를 동정하는 마음마저 생길 것이다.

두려움. 이것은 사무엘상 18장 15절에 나타나는 단어다. 사울은 다윗을 "두려워하였으나." 다윗의 재능, 복, 성공이 부각할수록 사울은 점점 더 불안해하고 두려워했다. 그리고 그런 기분이 들 때면 그런 감정을 안 느끼려 했을 것이다. 그런데 어떻게 그런 감정을 멈출 수 있을까? 상대방이 덜 성공하기를 원하는 감정, 상대방이 찬사를 덜 받기를 원하는 감정, 상대방이 스포트라이트를 덜 받기를 원하는 감정 말이다.

창을 드는 것은 너무 극단적인 행동처럼 보인다. 어릴 적에 주일학교에서 그 이야기를 들었을 때도 특히 그렇다고 생각했고, 지금도 그렇게 느낀다. 하지만 이해는 한다. 우리는 시기의 대상인 사람이 그만 잘되었으면 좋겠다. 그가 그만 성공하기를 바란다. 인제 그만 가지기를 원한다. 우리가 원하는 것을 그만 취하기를 원한다. 시기하는 사람에게 속으로 창을 안 날려본 사람이 있을까? 우리는 날카로운 비판을 수없이 던졌다. 우리 경쟁자로 여겨 두려워하는 사람이 기뻐할 때 그 분위기에 찬물을 끼얹었다. 그가 이룰 자격이 없어 보이는 것을 더는 이루지 못하도록, 가질 자격이 없어 보이는 것을 더는 갖지 못하도록 남몰래 노력했다.

 우리는 기분 나쁜 눈빛의 단검을 수없이 날리기도 한다. 시기심에 빠지면 분수에 맞지 않는 이점을 누리는 것처럼 보이는 사람을 원래의 자리로 끌어내리려고 속으로 전쟁을 선포한다. '그 사람'이 벽에 꽂힐 때 어떤 기분이 드는지를 돌아보면, 남몰래 창을 던지는 시기가 자기 마음속에 있는지를 쉽게 확인할 수 있다. 상대방이 넘어지면 어떻게 반응하는가? 상대방이 중요한 고객을 잃으면? 상대방이 휴가 계획을 망치면? 상대방의 자녀가 원하던 대학교에서 떨어지면? 당연한 결과라고 생각하며 조용히 고개를 끄덕이는가? 왜곡된 만족감을 느끼는가? 자신도 모르게 "드디어" 혹은 "이럴 줄 알았어!"라고 읊조리는가? 전장에서 다른 누군가의 창으로 다윗의 어깨가 뚫렸다면, 사울의 기분이 어땠을지 상상해보라. 사울은 어떻게 반응했을까? 라이벌이 무너지는 꼴을 은근히 혹은 노골적으로 기뻐하는 것은 시기심이 우리의 마음속에 파고들었다는 증거다.

이것이 우리 안에 숨은 시기라는 죄의 큰 문제점 중 하나다. 시기가 폭발해서 상대방에게 큰 피해를 주지 않더라도, 언제나 우리 '안에서' 피해가 발생한다. 시기는 우리의 생각을 왜곡할 뿐 아니라 우리의 애정을 타락시킨다. 시기는 우리의 평강을 앗아가고, 좋은 것을 가치 있게 여기는 능력을 떨어뜨리며, 진정으로 생산적인 삶을 살 기회를 앗아간다. 고려해야 할 것이 정말 많다. 하지만 먼저 시기심에 사로잡힌 유대 지도자의 무리와 겸손하고 지극히 평온한 만왕의 왕 사이에 서 있던 로마 총독의 이야기로 잠시 돌아가보자.

빌라도의 결정

본디오 빌라도가 시기로 인해 불안해하는 서기관과 제사장의 요구에 못 이겨 무고한 그리스도를 로마의 십자가에서 죽게 넘겨준 것은 분명 말할 수 없이 큰 불의였다. 하지만 결국 그런 일이 일어났다. 비겁한 로마 관리는 두려움과 시기에 빠진 종교 지도자들 그리고 성난 군중의 함성에 굴복했다. 잘못이 없는 사람은 아무도 없었다. 딱 한 명, 매를 맞고 채찍질당하고 벌거벗은 채로 나무 십자가에 달려 질식사하신 분만 빼고.

이것은 좋은 소식이다. 이것은 복음이다. 이 끔찍한 불의는 하나님이 당신과 나처럼 시기심이 가득한 죄인을 다루실 수 있는 이유다. 그분이 우리를 그런 죄인이 아닌 것처럼 대하실 수 있는 이유다.

이 책의 목적은 막대한 피해를 낳는 음험한 죄를 지적하는 것이다. 그 죄는 우리 자신에게 피해를 줄 뿐 아니라 무엇보다도 창조주 앞에서 우리의 지위를 망가뜨린다. 하나님은 율법을 세우신 분이요 재판장이시다(사 33:22, 약 4:12). 그분은 율법을 제정하시는 거룩하신 분이다. 그분의 다스림은 선하고 우리에게 유익하다. 그분은 너무 선하셔서 우리가 그분께 받아들여지지 못하게 만드는 죄들에 관한 해법을 제공해주셨다.

이 책을 통해 당신이 엄청난 피해를 일으키는 한 가지 죄를 분명히 알고, 그것이 잘못임을 알기를 간절히 바란다. 하지만 거기서 끝나지 않고, 2천 년 전 성금요일의 불의를 떠올리기를 바란다. 그것은 좋은 일이었다. 삼위일체 하나님이 우리의 문제를 완전하고도 영원히 다루셨기 때문이다. 흠 없고 완전하신 아버지는 죄 없는 아들을 마치 우리인 것처럼 대하셨다. 이 불공평한 거래를 통해 하나님의 정의가 이루어졌다. 성령의 도우심으로, 자기 죄를 솔직히 깨닫고 진정으로 회개하여 그리스도가 그날 이루신 일에 소망을 두는 이들을 위해 정의가 이루어졌다.

죄인을 위한, 죄인을 대신하여 무고한 고난을 당하는 것, 바로 이 고난 덕분에 우리는 절실히 필요한 용서를 받았다. 우리는 '무고한'이란 단어를 상대적인 의미로 자주 사용하지만, 여기서는 절대적인 무고함을 말한다. 나사렛 예수의 무고한 고난이 나와 당신을 비롯한 수많은 사람의 죄에 대한 완벽히 합당한 대가가 될 수 있는 유일한 이유는, 유일하게 무고하신 분이 영원하고 영존하시는 분이기 때문이다. 무한한 가치를 지니셨고 스스로 존재하시는 그리스도가 시간과 공간 속에서 인간의 몸을 입으셨다. 그리고 무수히 많은 죄인을 위해 거룩하고 의로운 생명을 내놓으셨다.

시기심을 비롯하여 하나님의 의로운 기준에 미치지

못하는 우리의 모든 생각이나 동기, 행동을 생각하면, 이 모든 죄의 대가를 치르기 위한 그리스도의 완성된 사역을 의지할 수밖에 없다. 파괴적인 죄들의 또 다른 측면을 살피기 전에, 또 기도하면서 성경을 바탕으로 반격을 시작하기 전에, 우리가 예수님이 십자가에 달리시던 날 완성하신 일을 의지할 수 있다는 사실에 하나님께 감사하기를 바란다. 지금뿐 아니라 이 책을 읽는 내내 그렇게 하기를 바란다.

죄의 대가는 죽음이다. 죄의 대가는 하나님에게서 분리되고 그분의 축복에서 배제되는 것이다. 하지만 그리스도가 우리 죄를 위해 완성하신 일 덕분에 우리는 용서받을 수 있다. 죄에서 해방될 수 있다. 단순히 죄책감에서 벗어나는 것이 아니라 유죄에서 벗어날 수 있다. 그분이 우리 대신 살고 우리 대신 죽으신 덕분에 우리는 형벌을 실질적이고도 완전히 면할 수 있다. 우리는 죄의 삯을 뒤엎고, 어둡고 축축하고 소름 끼치는 무덤에서 걸어 나옴으로써 그것을 증명하신 구속자를 믿을 수 있다.

우리 삶에서 죄와 싸우는 것은 중요하다. 하지만 우리 죄를 용서받았다는 사실을 아는 것이 궁극적으로 중요하다. 시기와 그것이 일으키는 문제를 파악해보자. 성령의 지혜와 능력으로 유혹과 싸우고 약한 부분을 보강하자. 하지만 용서받은 자로서 그렇게 하자. 가장 큰 싸움에서는 이미 승리를 거두었다는 사실을 알고 온전히 믿는 그리스도인으로서 시기를 공격하자. 빌라도가 성난 군중에게 굴복하는 죄를 저지르고 예수님이 "다 이루었다"라는 말씀을 통해 성부가 우리를 보신 날, 그 승리가 이루어졌다(요 19:30).

2장

시기의 내적 대가

이곳 캘리포니아주에서는 거의 모든 사무실과 상점, 음식점, 은행, 놀이공원의 출입구 옆에 경고문이 붙어 있다. 그것은 내가 들어가려는 곳에 '암을 유발하는 것으로 알려진' 화학 물질이 있다는 경고문이다. 캘리포니아주의 역사를 잘 안다면, 어디에서나 볼 수 있는 이런 법령 65(Proposition 65) 경고문이 1980년대 제인 폰다(Jane Fonda)와 톰 헤이든(Tom Hayden)이 환경 운동을 벌인 결과라는 것을 알 것이다. 수십 년이 지나다 보니 이제는 천 개에 가까운 물질에 이런 경고문을 붙이게 되었다. 내가 사는 캘리포니아주에서는 베개를 사든 커피를 사든 이런 경고를 받는다.

이 경고문의 영향은 그리 어렵지 않게 짐작해볼 수 있다. 이것은 수많은 법정 소송을 일으켰을 뿐 아니라, 일반적인 소비자를 무감각하게 만들었다. 이제 우리는 영화 끝에 작은 글씨로 휙 지나가는 엔딩 크레딧을 보듯 이런 경고문을 본다. 다시 말해, 그 문구를 무시한다. 입구를 지키는 사람들이 이 경고문을 크게 읽어주지도 않고, 이 경고문이 네온사인처럼 번쩍거리지도 않는다. 우리 대부분에게 이 경고문은 그저 벽을 장식하는 예쁜 글씨에 불과하다. 우리는 쇼핑하거나 은행 업무를 보거나 아이들을 놀이기구에 태우면서 이 경고문에 거의 혹은 전혀 관심을 기울이지 않는다.

성경의 경고문 중에는 번쩍거리는 네온사인처럼 느껴지는 것들이 있다. 어떤 경고문은 볼륨을 최대로 올린 것처럼 우리의 귀청을 때린다. 엄청난 죄와 그 파괴적인 결과에 관한 성경 구절들이 그렇다. 그런 구절을 읽을 때면 침을 꿀꺽 삼키며 당장 두려움과 죄의 자각을 경험하게 된다. 그 구절은 쉽게 눈에 띄며, 우리의 양심을 강타한다. 하지만 이 책에서 진단하려는 죄들은 그 법령 65 경고문과도 같다. 우리는 성경을 읽을 때 그런 구절을 대충 지나가기가 쉽다. 물론 시기와 탐심을 경고하고 금하는 구절도 글자 크기는 간음과 살인에 관한 구절과 똑같다. 하지만 우리의 눈과 마음은 그 구절들을 똑같이 보지 않는다. 전자에 대해서는 마땅한 경각심을 갖지 못한다.

3차원적으로 읽기

특정한 죄가 다른 죄보다 훨씬 더 심각하게 보이는 것은 그 죄로 인한 참담한 결과를 곧바로 상상할 수 있기 때문이다. 가족이 흉악범에게 잔인하게 살해당할 때의 엄청난 상실을 상상하기 위해 머리를 싸맬 필요는 없다. 한 사람의 간음이 가정을 얼마나 심하게 파괴할지 알기 위해서 몇 시간이나 고민할 필요도 없다. 하지만 시기하지 말라는 구절을 읽을 때면 개인적인 몰락이나 관계적인 파괴에 관한 이미지가 곧바로 떠오르지는 않는다.

시기의 죄를 정확히 이해하려면 성경을 광범위하게 읽어야 할 뿐 아니라 성경의 내러티브를 깊이 묵상해야 한다. 여러 성경 인물의 삶이 어떻게 이 죄의 영향을 받았는지를 보려면 성경을 광범위하게 읽는 동시에 깊이 묵상해야 한다. 창세기부터 요한계시록까지 대충 보면 하나님이 시기에 관해 자주 경고하지 않으시는 것처럼 보일 수 있지만, 자세히 보면 시기라는 질병에 관한 이야기가 거의 한 페이지 걸러 한 페이지마다 나타난다.

이런 진술은 우리 이전에 살았던 성경 학자들이 한 것이다. 하나님의 백성을 가르쳤던 유명한 선생들은 시기의 죄를 극도로 경계했다. 예를 들어, 아우구스티누스는 5세기 그리스도인들에게 시기가 악마적인 죄라고 경고했다. 시기는 그야말로 사탄의 원죄다. 아우구스티누스는 이렇게 말했다. "모든 죄의 시작은 교만이며, 인간의 교만은 하나님에게서 떨어져 나갈 때 시작되었다. 마귀는 자신처럼 교만해지도록 인간을 설득할 때 인간의 교만에 악한 시기를 더했다."6)

약 3백 년 전, 조지 횟필드(George Whitefield)와 존 웨슬리(John Wesley)에게 큰 영향을 미쳤던 윌리엄 로(William Law) 목사는 자신의 모든 제자에게 시기의 악이 "인간의 마음속에 들어올 수 있는 가장 비열하고 저속하고 악한 정욕"이라고 말했다.7)

아우구스티누스 시대에 콘스탄티노플에서 요하네스 크리소스토무스는 교인들에게 전하는 한 설교에서 인간의 영혼에 뿌리내릴 수 있는 시기의 힘에 관해 경고했다. 당신이 그 주일에 그곳에 있었다면 분명 그 설교에 푹 빠져들었을 것이다.

이런 종류의 영혼을 무엇에 비유해야 할까요? 어떤 독사에 비유해야 할까요? 어떤 자벌레에 비유해야 할까요? 어떤 전갈에 비유해야 할까요? 이런 종류의 영혼만큼 저주받거나 치명적인 것은 없기 때문입니다. 이것은 교회들을 파괴하고, 이단이 생겨나게 하며, 형제 중 한 명의 손에 무기를 들려 오른손을 의인의 피로 범벅이 되게 만드는 죄입니다…[8]

피로 범벅이 되었던 최초의 인간 손에 관해서 생각하기 전에, 그보다 더 이전을 살펴봐야 한다. 3세기 주교 키프리아누스(Cyprian)가 첫 죄인인 사탄에게서 찾은 첫 죄를 살펴봐야 한다.

그는 하나님의 형상을 따라 지어진 인간을 봤을 때 악한 시기와 질투에 빠졌다. 자신의 시기로 남들을 무너뜨리기 전에 자신이 먼저 시기로 무너졌다. 남들을 사로잡기 전에 자신이 먼저 사로잡혔다. 남들을 망가뜨리기 전에 먼저 자신이 망가졌다…사랑하는 형제들이여, 천사가 타락하고, 그 고결하고 뛰어났던 위대한 자가 속임을 당하고 무너지며, 속인 자가 속았으니, 이 악이 얼마나 엄청난가! 그때부터 시기가 이 땅에 들끓고 있다…그의 편에 선 자들은 그를 따라 하고 있다.[9]

교회 역사 속의 이런 진술을 읽으면 우리의 영적 선조들이 성경 내러티브의 의미에 관해서 얼마나 깊이 묵상했는지를 알 수 있다. 시기라는 죄의 무시무시한 힘, 잠재적인 영향, 하나님의 궁극적인 적과의 연관성은 구약과 신약 사이의 지혜서에 잘 정리되어 있다. 지혜서는 독자들에게 이렇게 말한다. "마귀의 시기를 통해 죽음이 세상에 들어왔다."[10]

인류의 첫 번째 살인

성경은 우리 내면에 있는 시기의 유혹을 사탄의 사악한 역사와 분명하게 연결하고 있다. 사도 요한은 가인이 아벨을 죽인 사건을 사례로, 우리 자신의 마음속에서도 일어나고 있을지 모르는 일에 관해서 경고하고 있다. "가인같이 하지 말라 그는 악한 자에게 속하여…"(요일 3:12). 그가 이어서 지적하는 (지금 당신과 나를 더 큰 죄들로 이끌어가고 있을지도 모르는) 이면의 죄는 그야말로 사탄과 손을 잡는 짓이라고 할 수 있다. 이 얼마나 엄청난 말인가.

이제 그리스도인으로서 우리는 이런 진술을 있는 그대로 받아들여야 할 때다. 이보다 음험한 죄는 별로 없다. 가인이 동생 아벨을 보며 마음속에 품었던 이 이면의 죄는 온갖 참담한 죄들의 연쇄 반응을 촉발하는 무시무시한 폭발물이라고 할 수 있다.

계속해서 성경은 첫 살인의 동기를 기술한다. "자기의 행위는 악하고 그의 아우의 행위는 의로움이라"(12절). 이 사건을 자세히 보자.

세월이 지난 후에 가인은 땅의 소산으로 제물을 삼아 여호와께 드렸고 아벨은 자기도 양의 첫 새끼와 그 기름으로 드렸더니 여호와께서 아벨과 그의 제물은 받으셨으나 가인과 그의 제물은 받지 아니하신지라 가인이 몹시 분하여 안색이 변하니 여호와께서 가인에게 이르시되 네가 분하여 함은 어찌 됨이며 안색이 변함은 어찌 됨이냐 네가 선을 행하면 어찌 낯을 들지 못하겠느냐 선을 행하지 아니하면 죄가 문에 엎드려 있느니라 죄가 너를 원하나 너는 죄를 다스릴지니라(창 4:3-7).

사도 요한의 주석이 도움이 된다. 가인의 제물에 어떤 문제가 있었을까? 이것은 흥미로운 질문이다. 하지만 문제가 어떤 것이었든 하나님은 그의 제물을 '악하게' 여기셨다. 그의 마음이나 삶, 행동, 혹은 다른 어떤 것이 악했기 때문에 하나님은 그의 제물을 거부하셨다. 어떤 문제였든 제물로는 그것을 해결할 수 없었다. 회개와 하나님의 자비를 믿는 것이 필요했다. 하지만 안타깝게도 기존 죄는 동생이 선을 행하고 하나님께 받아들여지는 모습을 보고 시기하는 죄로 발전했다.

하나님이 아벨과 그의 제물에 어떤 식으로 '은혜'를 보여주셨는지 모르지만, 분명한 사실은 가인이 그것을 받지 못했다는 것이다. 복이나 평안, 기쁨 같은 하나님의 인정에 관한 가시적인 증거에 가인은 미칠 것만 같았다. 하나님이 그에게 어떤 지시를 내리셨는지를 보라. '선을 행하라.' '정신 차려라.' '회개하고 잘못을 바로잡아라.' 하나님은 그에게 마치 이렇게 말씀하고 계시는 듯했다. "이것은 너와 동생 사이의 문제가 아니라 너와 나 사이의 문제다. 동생이 어떻게 되든 신경 쓰지 말고 너만 정신을 차리고 제대로 살아가라." 하지만 가인은 그것을 감당할 수 없었다. 동생을 향한 적대감이 끓어오를 때 그의 머릿속에 온갖 생각이 스쳐 지나갔을 것이다. '왜 동생인가? 왜 나는 아닌가? 이건 공평하지 않아. 이건 옳지 않아. 어떻게 동생이 나보다 저렇게 잘할 수 있지?'

가인은 비교의 늪으로 계속해서 빠져들었다. 그는 실망감과 나쁜 태도로 인해 궁극적으로 중요한 유일한 분 앞에서 자신의 삶을 재정비할 생각을 하지 못했다. 재판장이실 뿐 아니라 자비롭고 용서가 많으신 구속자 앞에서 삶을 바로잡았다면 그분이 그를 받아주시고, 그는 개인적으로 성장할 수도 있었다. 하지만 더없이 강력한 죄가 그의 마음을 사로잡고 있었다. 그 죄가 '문 앞에 엎드려' 있었고, 그는 그 죄와 싸워야 했다. 하지만 그의 시선은 그 죄를 향해 있지 않았다. 그의 시선은 동생의 만족한 얼굴에 고정되어 있었다.

창세기 4장의 다음 구절은 사건을 담담하게 기록

하고 있다. "가인이 그의 아우 아벨을 쳐 죽이니라"(8절). 저런! 역시나 시기는 다른 죄들의 연쇄 반응을 일으키는 폭발성 죄다. 물론 살인은 끔찍한 짓이다. 악한 계획으로 누군가를 죽이는 것은 더없이 악한 폭력의 행위다. 하지만 여기서는 '이유'를 깊이 생각해보자. 시기가 가인의 내면에서 무슨 짓을 저지르고 있었을까? 그의 내면에서 시시각각 적대감이 커졌고, 급기야 그의 머릿속에는 자신이 가지지 못한 것을 가진 자를 죽여야 한다는 생각밖에 남지 않았다.

질투와 탐심과 시기 풀어내기

살인으로까지 이어진 가인의 내적 삶을 생각해보면, 그 안에 고요함이란 없었으리라 짐작할 수 있다. 온갖 종류의 강하고 파괴적이고 사나운 생각과 감정에 그의 마음이 요동쳤을 것이다. 이런 감정을 성경적으로 풀어내면 우리 자신의 혼란을 이해하는 데 도움이 될 수 있다. 하나님은 우리가 그런 혼란에서 해방되기를 원하신다.

우리를 가장 잘 아시는 우리의 창조주는 서로 다

르지만, 대개는 섞여 있는 세 가지 문제를 진단해주셨다. 우리는 모두 아주 어릴 적부터 이런 문제와 씨름해왔다. 여기서 내가 '씨름'이라는 표현을 사용한 것은 이 모든 것이 우리의 평안과 기쁨을 방해하는 침입자이기 때문이다. 초대하지 않은 적들에게 무너지지 말아야 한다. 특히 머릿속을 계속 돌아가게 하고 속을 쓰리게 만드는 적에게 당하지 말아야 한다.

질투

이 모든 불쾌한 감정은 뭔가 문제가 있다는 신호다. 질투의 경우, 때로는 다른 누군가에게 문제가 있음을 나타낼 수 있다. 우리에게만 사랑과 충성을 주어야 할 사람이 다른 누군가에게 사랑과 충성을 줄 때 우리의 마음속에서 경고음이 울린다.

배우자가 결혼 서약을 깨거나 여자 친구가 바람을 피웠을 때 가슴이 아프고 분노가 치솟는 것은 적절한 감정의 한 예다. 그럴 때 현재 가지지 못하는 것을 강렬하게 원하는 것이 전혀 잘못된 것이 아니다. 우리의 이런 감정이 적절한 것은, 우주의 하나님도 그분 자신을 완벽한 거룩함과 의로운 질투를 지닌 분으로 드러내셨기 때문이다. 하나님이 정확히 우리와 똑같은 방식으로 감정을 느끼시는 것은 아니지만, 죄 없는 삼위일체 하나님은 출애굽기 34장 14절에서 분명하게 말씀하신다. "너는 다른 신에게 절하지 말라 여호와는 질투라 이름하는 질투의 하나님임이니라." 실로 놀라운 말씀이다! "내 이름은 질투다." 더없이 분명한 말씀이다! 그리고 이 구절의 초반부에서 배경을 보면 하나님께는 전혀 문제가 없다는 사실을 볼 수 있다. 문제는 전적으로 우상 숭배자에게 있다.

모든 인간은 하나님을 인정하고 오직 그분께만 헌신해야 한다. 하나님은 모든 사람을 창조하시고 붙들어주시며, 모든 사람에게 매일 생명과 숨과 양식을 주시는 분이다. 우리가 하나님의 자리에 다른 누군가나 뭔가를 놓으면, 하나님은 질투라는 거룩한 속성을 표현하고 그에 따라 행동하실 것이다.

질투의 문제점은 우리가 질투할 권리가 없는 것에 질투할 때가 너무도 많다는 것이다. 친구가 내가 아닌 다른 친구에게 더 많은 사랑이나 관심을 보낸다고 해서 그를 질투해서는 안 된다. 우리는 내 것 혹은 나만의 것이 아닌 지위나 물건, 사람에게 집착할 때가 많다. 지위나 관계, 재물을 가져서 스스로 기분이 좋아지려는 이기적인 욕심에 따라 텃세를 부리고 집착하는 것은 그릇된 질투다. 이런 그릇된 질투는 탐심이나 시기의 죄와 비슷한 면이 있다.

탐심

질투와 달리, 탐심의 죄는 언제나 다른 누군가가 아닌 나 자신의 문제다. 나에게 있어야만 행복해질 것 같은 사람이나 장소나 물건이 상대방에게 있는 것을 볼 때 탐심이 발동하기 쉽다. 물론 탐심은 언제나 그릇된 것이다. 탐심은 모든 그리스도인이 추구해야 할 경건한 덕목인 만족과 반대되는 것이다. 그리스도와의 진실하고 성장하는 관계는 바울이 말하는 "어떤 형편", 즉 '비천에 처하든지' '배고픔에 처하든지' '풍부하든지' '궁핍에 처하든지' 모든 상황에서 가능한 내적 만족의 공공연한 비결이다(빌 4:11-12).

탐심은 하나님이 십계명에 넣으실 만큼 근본적인 죄이며, 다른 아홉 계명보다 더 많은 사례를 제시하고 있다. "네 이웃의 집을 탐내지 말라 네 이웃의 아내나 그의 남종이나 그의 여종이나 그의 소나 그의 나귀나 무릇 네 이웃의 소유를 탐내지 말라"는 출애굽기 20장 17절의 포

괄적인 말씀을 다시 한번 생각해보라.

특히 이웃이 당신보다 잘나가고 있다면 이 감정을 느끼기 쉽다. 그리고 그런 이웃이 반드시 있다. 그의 차를 보고도 아무렇지 않은 척하기는 힘들다. 속이 쓰린가? 왜인가? 그가 당신이 원하는 차를 몰고 있기 때문이다. 탐심은 뭔가를 몹시 원하는 것이다. 남의 집이나 배우자, 자동차, 현금을 갈망하는 것이다. 앨버트 몰러(Albert Mohler)의 담백한 표현을 빌리자면, 탐심은 원하는 것을 갈망하는 것이다.[11] 이는 지식인의 표현답지는 않지만, 문제의 핵심을 잘 담아내고 있다. 탐심은 단순히 뭔가를 원하거나 누군가를 추구하거나 어떤 자리를 열망하는 것이 아니다. 탐심은 그보다 더 깊은 것이다. 탐심은 원하는 대상을 가지지 않고는 못 배길 정도로 집착하는 것이다. 그것을 갖기 전에는 해갈되지 않는 갈증을 느끼는 것이다. 그로 인해 어떤 사람은 신세 한탄으로 쇠약해지고, 어떤 이들은 집착의 대상을 미친 듯이 추구한다.

어떤 경우든 탐심은 자신이 가지지 못한 것에 집착하는 것이다. 그 이면에는 원하는 대상을 갖기만 하면 만족하리라는 중독적인 환상이 있다. 하지만 시인들이 쓰고 록 스타들이 노래했듯이 만족은 찾아오지 않는다. 잠간 맛본 만족도 영원하지 않다. 진정한 만족은 신기루일 뿐이다.

솔로몬은 늘 뭔가를 갈망해온 자신의 삶을 돌아보며 이렇게 말했다. "사람이 해 아래에서 행하는 모든 수고와 마음에 애쓰는 것이 무슨 소득이 있으랴 일평생에 근심하며 수고하는 것이 슬픔뿐이라 그의 마음이 밤에도 쉬지 못하나니 이것도 헛되도다"(전 2:22-23).

시기

우리가 시기에 관해서 아직 조금밖에 살펴보지 않았지만, 부적절한 질투와 만족을 모르는 갈망이 시기와 중첩되는 면이 있다는 점이 분명히 눈에 들어올 것이다. 이것들은 서로 다르지만 서로 뒤섞이는 경우가 많다. 하지만 시기는 이 중에서 최악이다. 시기는 악한 방향으로 한 걸음 더 나아간다. 내가 가질 자격이 있다고 생각하는 것이나 나를 행복하게 해주리라고 확신하는 것을 갖지 못하면 속이 쓰리다. 그런 불쾌한 생각과 감정은 점점 강해지다가 상대적인 박탈감을 느끼고, 급기야 내가 원하는 것을 가진 사람들에게 분노하기 시작한다. 그리고 대개는 아무 사람에게나 분노하는 것이 아니라 바로 앞에 있는 사람들에게 분노한다.

틸리 딜리헤이(Tilly Dillehay)는 시기에 관해서 간결하게 표현했다. "시기는 또래 사이에서 번성한다."[12] 나는 내가 늘 갖고 싶었던 트럭을 몰거나 남자만의 공간을 만끽하는 유튜브 속의 남자에게 분노하지 않는다. 내가 미워하는 대상은 바로 내 직장 동료나 소그룹 식구, 사촌, 아침에 출근할 때마다 손을 흔드는 이웃이다. 그들이 내가 갈망하는 것을 갖고 내가 꿈꾸던 경험을 하면 나는 그들을 미움의 눈으로 쳐다보기 시작한다.

시기는 그 사람에게로 초점을 옮긴다. 그 사람이 어떻게 자격이나 가치가 없는지, 얼마나 못났는지를 계속 곱씹기 시작한다. 그가 내가 원하는 특권과 재물이 없이 살기를 바란다. 그래서 그 사람이 괴로워하면 좋겠다고 생각한다. 우리 안에서 숨어서 날뛰는 시기는 어디까지나 우리 자신의 문제다. 그 사람의 문제가 아니다. 생각해보라. 다른 우주에서 내 형제 혹은 그리스도 안에서의 형제가 우리가 원하는 선물과 복과 명예를 누려도 크게 상관이 없다. 오히려 기뻐할 수도 있다. 하지만 안타깝게도 우리는 눈앞에 있는 사람들이 복을 받으면 함께 기뻐해주지 못하고 남몰래 저주한다. 심지어 그들이 고통받으면 고소해한다.

하나님은 시기의 열매에 관해 엄하게 말씀하신다. 우리 창조주의 경고를 마음에 새기라.

이웃을 업신여기는 자는 죄를 범하는 자요(잠 14:21).

네가 형제의 날 곧 그 재앙의 날에 방관할 것이 아니며…그 고난의 날에 네가 입을 크게 벌릴 것이 아니며…환난을 당하는 날에 네가 그 고난을 방관하지 않을 것이며(옵 1:12-13).

그가 엎드러질 때에 마음에 기뻐하지 말라 여호와께서 이것을 보시고 기뻐하지 아니하사(잠 24:17-18).

사람의 재앙을 기뻐하는 자는 형벌을 면하지 못할 자니라(잠 17:5).

하나님은 우리가 다르게 반응하기를 원하신다. 더 좋은 반응을 원하신다. 타락한 세상에서는 이것이 쉽지 않지만, 우리가 이웃을 사랑하고 이웃이 잘되는 것을 진심으로 기뻐하며 완벽하지 않은 삶 속에서도 만족을 누리도록 성령이 힘을 주실 것이다. 우리가 그렇게 되는 것이 바로 이 책의 목적이다. 하지만 먼저 문제의 심각성을 보고, 정도의 차이는 있지만, 우리 모두에게 이 문제가 있음을 인정하기 전에는 그렇게 될 수 없다.

동기를 다루라

우리가 무엇을 왜 하는지 정확히 파악하는 일은 절대 쉽지 않다. 성경은 가장 똑똑한 사람이라도 자신을 제대로 보기가 어렵다고 말한다(롬 2:1). 자기 분석은 말 그대로 주관적이다. 그래서 우리는 자신의 내적 동기를 객관적으로 이해하기 위해 성경의 진리의 빛이 필요하다. 하지만 지금쯤, 이전까지는 설명할 수 없었던 당신 안의 분노나 슬픔, 짜증, 분노가 시기의 악한 뿌리에서 비롯했다는 사실을 이미 보기 시작했을 것이다.

당신보다 더 성공했거나 더 매력적인 친구를 향한 미움이 마음속 시기에서 비롯하고 유지되고 있다는 사실을 보기가 어느 정도 쉬워졌을 것이다. 이 주제에 관해 아직 조금밖에 살펴보지 않았지만, 장학금을 받고 대학교에 들어간 이웃집 아이에 관해서 자신도 모르게 빈정거리거나 한 교인의 완벽한 휴가 사진을 보다가 갑자기 속이 쓰릴 때 그것이 당신의 영혼 속에 똬리를 튼 악한 시기의 죄라는 것을 깨닫는 데 도움이 되었으리라 생각한다.

특별히 남자 독자들에게 잠시 한마디 하고자 한다. 적지 않은 남자가 시기는 '여성'의 문제라는 말한다. "나는 남들을 시기하지 않아. 그저 내 일을 할 뿐이야." 당신이 지금까지 이 책을 읽었다면 전혀 그렇지 않다는 것을 알리라 믿는다. 이번 주에 이런 말을 들었을 때 남성 중심의 노동력으로 돌아가는 사회에서 솔로몬이 내놓은 통찰력 깊은 평가가 기억났다. "내가 또 본즉 사람이 모든 수고와 모든 재주로 말미암아 이웃에게 시기를 받으니 이것도 헛되어 바람을 잡는 것이로다"(전 4:4). 물론 이 솔직한 진술을, 일 자체가 타락 전 하나님이 주신 선물이라는 성경의 주장과 따로 떼어서 볼 수는 없다. 다시 말해, 창세기 3장 이후에 모든 일이 죄의 영향을 받게 되지만 기술과 노동은 우리 모두에게 필요한 것이며, 시기심에 빠지지 않고 일하는 것이 얼마든지 가능하다. 솔로몬은 일 자체를 문제시한 것이 아니라 우리 모두의 마음을 오염하고 있는 문제를 지적한 것이다.

대부분 일꾼과 학자, 장인, 목사는 동료와 경쟁자, 도전자에게 라이벌 의식을 느끼며 매일 일하고 있다. 우리가 성과를 내고, 상사의 마음에 들고, 직업적 안정성을 느낄 때는 시기심을 감지하기가 더 어려울 수 있다. 하지만 하나님은 우리가 생각보다 더 많은 시기심을 품고 있을지 모른다는 점을 고려하기를 원하신다. 생각해보라. 대학교 전공이나 직업을 선택할 때 모든 인간은 자신이 생각하는 것보다 더 많은 질투, 탐심, 시기심을 부린다. 전도서의 이 구절은 남녀노소를 막론한 모든 사람이 상대방을 시기의 눈으로 바라보면서 사업상 결정을 내리고, 안건을 정하며, 마케팅 계획을 세우고, 매출 목표를 세운다는 사실을 말해준다.

그루초 막스(Groucho Marx)의 말을 들어보자. 그는 전 세계적인 코미디언이자 초기 영화계 스타였다. 그는 자서전에서 잠시 코미디언의 옷을 벗고 솔로몬이 분명하게 지적했던 문제에 관해서 진지하게 고민했다. 그는 다음과 같이 한탄했다.

코미디언으로서 분장실에 앉아서 다른 코미디언이 관

객을 박장대소하게 만드는 것을 들으면 기분이 몹시 언짢다. "브라보"는 자신에게 날아올 때는 듣기 좋지만, 그 말이 경쟁자를 향하면 그렇게 심기가 불편할 수 없다…평생 무대에만 서다 보니 다른 영역에 있는 사람들이 성공과 실패에 어떻게 반응하는지는 모른다. 하지만 거의 모든 사람에게 시기심이 많은 것만큼은 분명하다…이런 말을 하면 돌을 맞을지 모르지만, 브로드웨이에서 누군가가 공연을 완전히 망치면 연예계의 많은 사람이 기뻐하고 안도할 게 분명하다…연예계에서 영원한 성공은 용서받을 수 없는 일이다.[13]

물론 이는 모든 직업 분야의 여성에게도 똑같이 해당하는 이야기다. 하지만 시기는 몸매가 더 좋은 친구를 보며 분노하는 아내에게만 해당하는 문제일 뿐이라고 생각하며, 자신의 큰 문제는 보지 못하는 남자가 많기에 잠시 남성에 초점을 맞추었다. 헬스클럽에 가면 남녀 상관없이 모두가 다른 사람의 몸에 대한 시기심으로 운동에 박차를 가하는 모습을 볼 수 있다.

고백할 시간

잠언 14장 30절의 후반부는 "시기는 뼈를 썩게 하느니라"고 말한다. 이제 이 악순환을 끊는 과정을 시작하자. 시기에서 벗어나기를 원하지 않을 사람은 아무도 없을 것이다. 심지어 세속 분야의 학자도 시기에 관해서 이런 말을 했다. "죽음에 이르는 일곱 가지 죄악 중에서 오직 시기만 전혀 재미가 없다."[14] 그러니 하나님의 도우심으로 이 문제를 떨쳐내기로 결단하자. 시기의 마수를 끊어내고 그로 인한 모든 피해를 복구하려면 몇 가지 단계를 밟고, 몇 가지 경건한 습관을 새로 기르며, 더 큰 규모로 더 많은 평가를 해야 한다. 하지만 일단 문제가 우리 안에 있다는 사실을 인정하자. 우리 삶 속에 어떤 악이 있든 그것을 뿌리 뽑기 위한 첫 번째 단계는 변명을 멈추고 우리에게 문제가 있다고 인정하는 것이다.

시기는 신발 속의 자갈과도 같다. 사람들은 그것을 보지 못할 수 있다. 우리도 그것을 직접 보지 못할 수도 있지만 느낄 수는 있다. 그것이 통증을 유발하고 있기 때문이다. 또 우리의 걸음에 영향을 미치고 있다. 그것을 오랫동안 방치하면 발목과 무릎, 엉덩이, 등에 문제가 발생한다. 사람들은 우리의 문제가 무엇인지는 몰라도 우리가 제대로 걷지 못한다는 사실은 안다. 우리는 몸을 숙여 그 문제를 다루기 전에 먼저 문제가 있다는 사실을 알아야 한다. 하지만 안타깝게도 우리 힘으로 쉽게 제거할 수 있는 자갈과 달리, 마음의 죄를 해결하려면 하나님의 능력이 필요하다. 그런 의미에서 그리스도인의 고백은 믿지 않는 자들이 문제를 인정하는 것과 차원이 다르다. 그리스도인으로서 우리는 이 문제가 단순히 우리를 괴롭히는 것 이상이라는 사실을 안다. 이 문제는 하나님에 대한 죄다. 우리는 "지금까지의 일은 그냥 잊어버리자"라고 말할 수 없다. 우리에게는 용서와 사면이 필요하다. 그리고 온 힘을 다하면 다음번에 더 잘할 수 있는 일이 아니라는 사실을 안다(물론 우리의 영적 힘을 다 쏟아야 하는 것은 맞지만). 우리에게는 하나님이 필요하다. 그분의 은혜와 공급하심이 필요하다. 그분의 영과 그분의 능력 주심이 필요하다.

그래서 우리의 죄, 특히 증상만이 아닌 근본 원인을 고백하자. 우리의 말이나 사랑 없는 태도가 잘못되었다는 하나님의 진단을 받아들이고, 우리가 남모를 시기의 죄를 키워왔다고 그분께 고백하자. 그리고 "오늘까지는 전혀 몰랐습니다"라고 발뺌하지 말자. 설령 그렇다 해도 이제 알았으니 고백해야 한다. 당신이 배관공이든 목사든 수학자든 엄마든, 자신에게서 문제를 보았다고 하나님께 아뢰라. 당신이 무고한 방관자가 아니었다고 아뢰라. 그러고 나서 그분의 자비로운 용서를 받으라. 다윗 왕과 함께 다음과 같이 확신 있게 말하며 감사하자.

내 허물을 여호와께 자복하리라 하고 주께 내 죄를 아뢰고 내 죄악을 숨기지 아니하였더니 곧 주께서 내 죄악을 사하셨나이다(시 32:5).

3장
시기의 관계적 대가

아름답게 늘어선 나무들이 우리 집 차도와 이웃집 차도를 가르고 있다. 나무들은 멋져 보인다. 아내는 이 나무들을 무척 좋아한다. 하지만 내게는 이것들이 골칫거리다. 이 나무들은 많은 문제를 일으키고 있다. 정확히 말하면, 나무 자체가 아니라 그 아래에 숨은 강력한 것들이 수많은 문제를 일으키고 있다. 예전에는 전혀 신경도 쓰지 않던 것들이다. 최소한, 계속해서 자라는 이 촉수들이 내 차도를 망가뜨리기 전에는 말이다. 이 촉수들은 내 이웃집 차도도 망가뜨렸다. 이웃집 수도관도. 우리 집에서 인도로 이어지는 배수로도. 그리고 우리 집과 이웃집 사이의 담벼락도.

이 촉수는 악명 높은 캘리포니아의 지진과는 다르게 한 번에 큰 피해를 주지는 않는다. 이 아름다운 나무들의 못된 뿌리는 내 재정에 엄청난 타격을 입혔다. 한 해에 막대한 수리비를 유발하고, 그다음 해도 막대한 수리비를 유발하는 식으로 계속 돈이 나가게 만들었다. 이것들은 내 나무다. 분명 우리 부지 쪽에 있다. 17년 전 부동산 중개업소에서 이 집을 보여주었을 때만 해도 이 나무들이 그렇게 멋져 보일 수가 없었다. 하지만 그 아래에 무엇이 있는지는 전혀 몰랐다. 몇 년이 지나서야 나무가 대지 경계선과 전혀 상관없이 자라난다는 사실을 깨달았다. 나무들은 우리 집은 물론이고 이웃집까지 망가뜨렸다. 처음 우리 집 정원의 배수 파이프가 터졌을 때는 그러려니 하고 넘어갔지만, 이웃이 파손된 차도를 갈아엎고 콘크리트를 완전히 새로 붓기 위한 견적서를 들고 찾아오자 전혀 다른 차원의 문제가 돼버렸다.

어떤 날은 이기적인 마음이 슬그머니 고개를 쳐들어, 이렇게 말하고 싶었다. "이봐요, 거긴 당신네 차도잖아요. 알아서 고쳐요!" 하지만 그러기에는 양심에 찔렸다. 이 뿌리는 내 나무들에서 나온 것이다. 간단한 조사만으로 그것을 증명할 수 있다. 그리고 나는 이런 문제를 다룬 법(혹시 궁금하다면, 민법 833조)이 1872년부터 우리 주의 법으로 시행되어왔다는 것을 곧 알게 되었다. 하지만 이와 상관없이 내 아내가 지극히 사랑하는 나무들의 침범하기 좋아하는 뿌리는 전적으로 내 책임이다.

은밀한 파괴자

시기는 하나님이 우리의 내적 삶에 불어넣기 원하시는 평안과 만족과 기쁨을 방해한다는 사실만으로도 충분히 치명적이다. 그런데 설상가상으로 시기를 찾아 뽑아서 버리지 않으면 우리가 인생길을 함께 걸어가는 사람들과의 관계에 심각한 피해를 준다. 가인과 아벨 사건은 시기로 인해 사람을 죽이게 된 가장 극단적인 사례다. 하지만 분명 우리의 지난 관계 중 상당수도 같은 이유로 '죽임'당했을 것이다. 우리는 지난 관계의 무덤에 온갖 이유를 대지만, 대부분 그 이면에는 시기라는 보이지 않는 파괴자가 있었다.

회개하지 않은 시기에서 나오는 몇 가지 증상을 생각해보라. 우리가 이면의 원인은 생각하지 않고 깨진 관계의 원인으로 자주 꼽는 꽤 광범위한 단어 하나로 시작해보자. 하나님이 사용하시는 그 단어는 '미움'이다. 우리는 어떤 사람과 더 어울리길 원치 않거나 그 사람이 초대하는 파티에 가고 싶지 않을 때 누군가가 이유를 물어보면 "그 사람이 싫어서"라고 대답한다.

"이유가 뭐예요?"

배우자가 물으면 우리는 퉁명스럽게 대답한다. "그냥 싫어." 그것으로 대화는 끝이고 우리의 주말 계획은 바뀐다. 하지만 '미움'은 진짜 이유가 아니다. 많은 경우, 그것은 진짜 문제의 증상일 뿐이다.

하나님의 말씀은 이 문제를 이렇게 기술한다. "우리도 전에는…악독과 투기[질투]를 일삼은 자요 가증스러운 [남들에게 미움을 받는] 자요 피차 미워한 자였으나"(딛 3:3). 이 문장에서 '질투'라는 단어는 그것이 남들과의 관계에 미치는 영향에 둘러싸여 있다. "악독"은 일상에서 사용하는 단어가 아니다. 하지만 헬라어를 공부할 때 "악독"으로 번역된 단어를 쉽게 외웠던 기억이 난다. 내게는 그 단어가 의성어처럼 들렸기 때문이다. 그 헬라어 단어는 '카키아'(kakia)다. 이 단어를 보자마자 '유키'(yucky, 역겨운)나 '이키'(icky, 기분 나쁜)란 단어가 떠올랐다. 이 단어는 나쁜 상태를 의미한다. 또 악하거나 해로운 것들을 지칭한다. 한 익숙한 구절에서는 이 단어를 '괴로움'으로 번역한다. 이 구절에서 예수님은 하루의 '카키아'만 해도 충분하다고 말씀하셨다(마 6:34). 정말로 그렇다. 우리의 삶 속에서는 매일 나쁜 일이 꽤 많이 일어난다.

디도서 3장 3절에서 '시기' 뒤에 나오는 단어들('미움을 받는'과 '미워한')은 너무도 익숙하다. 하지만 이 텍스트의 원문에서는 두 단어가 다르다. '미움을 받는'으로 번역된 첫 번째 단어는 성경에서 딱 한 번만 사용된다. 성경 외에 다른 초기 헬라 문서에서 이 단어는 '비열한, 혐오스러운, 역겨운 사람'을 지칭한다.[15] 이들은 우리가 좋아하지 않는 사람, 아니 '정말' 싫어하는 사람이다! '미워한'으로 번역된 다른 단어는 첫 번째 단어와 어느 정도 동의어이며, 다른 사람을 싫어하고 무시한다는 의미로 신약 곳곳에서 흔히 사용되는 단어다. 이 단어는 "도저히 참아줄 수 없어!"라고 말할 만큼 강한 경멸의 의미를 담고 있다.

이 불쾌한 단어들의 중심에 우리에게 익숙한 단어인 시기가 있다. 이것은 상대방이 우리가 갈망하는 복을 누리고 있기에 그를 향해 품는 분노와 억울한 감정이다.

그가 누리는 복과 특권을 갖고 싶은 마음이 도를 지나치면 속에서 심한 화가 들끓고, 그가 고통이나 상실이나 수치를 겪기를 은근히 바라게 된다. 시기가 나와 상대방 사이에 들어오면 증오에 찬 나쁜 말과 행동과 빈정거림이 나타난다. 그러면 둘 사이의 관계는 반드시 망가진다. 그리고 이것은 보통 일이 아니다. 우리가 생각하는 것보다 훨씬 더 큰 일이다.

하나님은 우리에게 이렇게 말씀하셨다.

빛 가운데 있다 하면서 그 형제를 미워하는 자는 지금까지 어둠에 있는 자요 그의 형제를 사랑하는 자는 빛 가운데 거하여 자기 속에 거리낌이 없으나 그의 형제를 미워하는 자는 어둠에 있고 또 어둠에 행하며 갈 곳을 알지 못하나니 이는 그 어둠이 그의 눈을 멀게 하였음이라(요일 2:9-11).

우리는 이렇게 말한다. "하나님, 저는 형제자매를 사랑합니다. 그들 모두를 사랑하지는 않을지 모르지만, 제가 좋아하는 사람들은 사랑합니다." 우리는 이런 앞뒤가 맞지 않는 말로 자기 죄를 합리화하고 있을지도 모른다. 그런데 잠시 생각해보자. 하나님이 우리 삶을 평가하시는 자리에 서서 우리가 그런 말을 내뱉는 것을 생각해 보라. 그럴 일은 절대 없을 것이다. 우리는 감히 그런 말을 할 엄두도 내지 못할 것이다. 감상적인 현대 기독교 음악의 가사들과 달리, 우리는 예수님 앞에서 춤추고 신나게 뛰놀지 않을 것이다. 최소한 그분의 비천하고 자격 없는 종으로서 그분 앞에 서서 평가를 받기 전에는 그렇게 못 할 것이다. 우리가 그분의 말씀을 어떻게 지켰고, 우리 마음속에 어떤 동기가 있었는지를 철저히 살피는 평가가 이루어질 것이다(고전 4:5). 이것은 두려운 일이지만 우리는 이 일을 생각하며 정신을 바짝 차리고 그분의 말씀과 우리의 죄를 진지하게 받아들여야 한다.

한편, 이것은 우리가 정해진 기간에 죄를 태워버리기 위해 가는 일종의 연옥의 전주곡 같은 것이 아니다.[16] 이것은 무엇보다도 죄를 합리화하는 우리의 기술로 인해 놓친 기회의 눈물, 고통과 함께 찾아오는 상을 위한 심판이다. 고린도전서 3장 11-15절은 그리스도인들을 위한 이 미래의 현실을 분명하게 말한다. 그런데 로마서 14장 10절은 이 현실을 관계의 배경 속에 놓는다. "네가 어찌하여 네 형제를 비판하느냐 어찌하여 네 형제를 업신여기느냐 우리가 다 하나님의 심판대 앞에 서리라." 그러니 정신을 똑바로 차리자! 베드로전서 1장 17절은 이렇게 말한다. "각 사람의 행위대로 심판하시는 이를 너희가 아버지라 부른즉 너희가 나그네로 있을 때를 두려움으로 지내라."

이 악한 행성에서 '나그네'로 지내는 동안, 더 많이 가지거나 더 아름답거나 더 많은 이점을 누리는 사람들에게 경멸이나 미움, 분노를 품고 있지 않은지 자신의 마음을 계속해서 점검하는 일은 쉽지도 않고, 그다지 유쾌한 일도 아니다. 하지만 반드시 그렇게 해야 한다. 늘 자신을 돌아보며 사는 것은 진리를 아는 사람들에게 특히 더 중요하다. 서로 관계를 파괴하는 시기의 추악한 뿌리를 늘 경계해야 한다.

관계를 위해 지어진 존재

나를 돌아보면 남들을 향한 나의 미움이 수시로 드러나고 그로 인해 안타까움을 느낀다. 그럴 때면 다 그만두고 싶다는 유혹을 느낀다. 3-4세기에 살았던 교회사 속의 사막 교부들처럼 해야 하나 하는 생각마저 든다. 이 땅에서 '나그네'로 사는 동안 기독교 공동체 따위는 포기하고 관계적인 사막으로 들어가는 편이 낫지 않을까? 모든 사람에게 어느 정도 거리를 두는 21세기의 수사로 살면 모든 원망과 좌절감, 시기심을 피할 수 있지 않을까?

전혀 그렇지 않다.

심지어 나는 종교적 은둔자들의 수도원 자체가 좋은 개념을 너무 극단적으로 적용한 것이라고까지 말하고 싶다. 한적한 곳으로 가서 혼자만의 시간을 보내는 것은 좋다고 생각한다. 예수님도 때로 몇 시간씩, 심지어 한 달 동안 그런 시간을 보내신 적이 있다(막 1:35-37, 마 4:1-2). 그러나 긴밀하게 얽힌 인간관계 속에 계시면서 예수님이 보여주신 모범과 신약에 예수님의 '서로' 명령이 많이 기록된 것을 볼 때 육체적 혹은 관계적 은둔 생활은 옳지 않다는 결론을 내릴 수밖에 없다.

하나님은 기혼자든 미혼자든, 일곱 자녀의 아버지든 자녀를 다 출가시킨 과부든 상관없이, 우리 모두를 관계적 존재로 지으셨다. 하나님은 사람이 혼자 있는 것이 좋지 않다고 분명히 말씀하셨다(창 2:18). 아담에게는 하나님이 있었지만, 그는 다른 인간들과 관계를 누리도록 지음을 받았다. 예수님은 하나님이셨고, 우리가 상상할 수 없을 만큼 아버지 하나님과 좋고 만족스러운 영적 관계를 누리셨다. 그런데도 그분께서는 함께 살고 여행하며 의지하는 남자 열두 명과 서로 깊이 헌신된 관계인 남녀의 무리가 있었다. 그뿐 아니라 70명으로 구성된 사역팀도 있었다. 그분은 사람들과의 관계를 끊지 않으셨다. 사람들에게 거리를 두지 않으셨다. 고통이나 상심이나 유혹을 감내하면서까지 친밀한 인간관계를 맺을 필요가 없다고도 말씀하지 않으셨다.

시기가 그리스도께는 정확히 어떤 유혹이었는지를 추측하고 싶지는 않다(단, 십자가 위에서 죄에 대한 성부 하나님의 진노를 감당할 일이 없는 자들과 가까운 친구로 함께 사는 것이 분명 쉽지는 않았으리라는 생각은 든다). 하지만 분명 그분은 "우리의 연약함을 동정하지 못하실 이가 아니요 모든 일에 우리와 똑같이 시험을 받으신 이로되 죄는 없으시[다]"(히 4:15). 그분은 유혹에 시달리셨지만, 고립을 선택하지는 않으셨다. 따라서 우리도 고립을 선택하지 말아야 한다.

하나님은 사람들과 가까이 지낼 때의 위험성과 문제점을 아신다. 그분은 우리가 절실히 원하는 것을 친구들의 삶 속에서 발견하게 될 줄 아신다. 그분은 우리가 잃어버린 것을 받은 친구와 친척, 직장 동료를 보게 될 줄 아신다. 그분은 우리가 남들에게 진정한 관심과 사랑을 주고 그들을 위해 기도하려고 할 때 여러 영역에서 불평등, 이를테면 그들의 번영과 우리의 궁핍을 보고 탐심의 유혹에 시달릴 수 있다는 사실을 모르지 않으신다. 그분은 우리가 "왜 내가 원하는 것을 다 가진 저 사람이 또 다른 복이나 승리를 얻도록 기도해야 해?"라고 말하고 싶을 때가 있을 줄 아신다. 그러나 하나님은 우리가 사람들에게 거리를 두지 말고 관계에 뛰어들기를 원하신다. 하나님은 우리가 그분이 우리 곁에 두신 사람들에게서 도망치는 것이 아니라 이런 기독교 서적을 읽고 우리 삶 속에 가득한 분노와 불만족의 파도를 잠재우기를 원하신다.

허위 광고

최근 별로 좋아 보이지 않는 호텔에서 묵은 적이 있다. 하지만 1층 식당은 노력하고 있는 것이 분명했다. 롱비치(Long Beach)에서 맞벌이 부부의 가정에서 자라난 나는 핫도그와 라면이라면 절대 마다하지 않는 저렴한 입맛의 소유자다. 나를 아는 사람들은 다 이 사실을 안다. 그들은 이국적인 음식을 차려놓고 나를 불러서는 안 된다는 점을 배웠다. 내가 좋아하는 음식은 열두 가지 정도다. 그 외에 다른 음식에 도전할 마음은 눈곱만큼도 없다. 어쨌든 이 식당의 한 페이지짜리 메뉴판에는 이국적인 이름의 음식이 가득했다. 이름만 봐서는 어떤 음식인지 상상할 수가 없었다. 이름 옆에 음식 사진이 나와 있으면 도움이 될 것 같았다. 그런데 지나고 나서 생각하니 오히려 도움이 되지 않을지도 모르겠다는 생각이 들었다. 다들 주방 장비보다 메뉴판 사진에 더 많은 돈을 들인 식당에 가본 적이 있을 것이다. 그런 곳에서 음식이 나오면 메뉴판을 다시 달라고 해서 사진과 닮은 구석이 조금이라도 있는지 확인하고 싶어진다.

 사람들의 삶도 이와 비슷하다. 특히 현대 시대에는 그렇다. 그러니까 지난 10-15년이 더 그랬다. 잘 차려입고 친절하게 말하는 할머니의 교회 친구가 SNS 계정을 개설한 뒤에는 겉으로 보이는 모습이 진짜인지를 파악하기가 더 어려워졌다. 설상가상으로 이 할머니 또래보다 그들의 손자들은 자신의 가장 멋진 면만 남들에게 보여주는 기술이 최소한 두 배는 뛰어나다. 그들은 SNS에 무엇을 언제 올리고 무엇을 걸러내야 할지 정확히 안다.

저명한 사회 심리학자 조너선 하이트(Jonathan Haidt)는 심지어 무신론자도 SNS에서의 자기 연출과 허위 광고가 부추기는 고삐 풀린 시기심의 폐해를 잘 알고 있다고 말한다. 그를 인터뷰한 2022년 〈월스트리트 저널〉(Wall Street Journal) 기사는 그의 탄식을 다음과 같이 인용했다.

"자신의 완벽한 삶을 SNS에 올리고서 더 완벽한 삶을 사는 다른 여자들의 사진을 보면 우울해집니다." 그는 이 현상을 '비교와 절망'으로 부르며 이렇게 말한다. "우리가 사람들과 소통하기 때문에 사회적인 사람인 것처럼 보입니다. 하지만 그것은 어디까지나 보여주기 위한 것일 뿐입니다."[17]

'비교와 절망.' 이것은 우리의 상태에 관한 간결하고도 정확한 평가다. 그리고 바로 이것이 시기의 핵심 요소다. 같은 사무실에서 일하거나 같은 성경 공부 소그룹에 참여하는 누군가를 봐도 충분히 시기의 유혹을 강하게 받을 수 있다. 하지만 집에 돌아오면 새로운 차원의 연출된 장면들이 우리 눈앞에 펼쳐진다. 친구가 연출된 휴가 사진 속에 서 있다. 그는 아내와 밤 데이트를 하며 꼭 안고 있는 사진을 여러 번 찍어서, 그중에서 고르고 골라 보정 작업을 한 뒤 사진을 올렸다. 그의 아들이 결정 골을 터뜨리는 동영상도 올라와 있다. 심지어 그의 집 강아지도 카메라를 보고 웃는 것처럼 보인다.

안타깝게도, 다른 사람들의 삶에 관한 온갖 허위 광고를 진짜로 믿기 때문에 시기심이 증폭되는 경우가 너무도 많다. 고소하게 여기는 마음으로 말하는 것은 아니지만, 한 교회에서 오랫동안 목회한 목사로서 확실하게 말할 수 있는 것은 당신이 주일, 심지어 수요일 밤에 보는 교인들의 모습은 그들의 헝클어지고 고통스러운 실제 삶과 전혀 다를 때가 많다는 것이다. 교회에서 상담을 많이 해봐서 알지만, 매일 서로 싸우면서도 프로필 사진은 서로 팔짱을 끼고 상대를 더없이 사랑스럽게 쳐다보는 사진으로 올리고, 다른 사람 앞에서는 상대에 대한 애정을 연신 표현하는 부부가 꽤 많다. 서로 고함을 지르는 부모와 자녀가 가장 화목해 보이는 가족사진을 올린다. 사진 속에서는 온 가족이 하얀색 셔츠와 청바지를 맞춰 입고 해변에서 바닷물에 발을 담그고 있다. 우리는 존재하지도 않는 '만족스러운 삶'을 스크롤하며 응시한다. 그럴 때 우리는 시기심에 여위어가거나 이 가족이 다 물에 빠져 죽기를 바란다. 하지만 우리가 시기하는 삶은 대개 현실이 아니다.

완벽한 결혼 생활이나 더없이 매력적인 직업 혹은 목가적인 마을에 관한 거짓 이미지를 믿고, 자신이 다 가졌다는 사람들의 허풍에 넘어가면, 비교와 절망의 악순환을 멈추기가 점점 더 어려워진다. 하지만 우리가 시기하거나 분노하는 대상이 대부분 허울일 뿐이라는 점을 알면 악순환을 멈추는 일이 조금은 더 쉬워진다.

잠시 당신 자신의 삶에 관해 생각해보라. 먼저, 하나님 말씀의 거울 앞에서 한참 시간을 보내라. 기록된 계시의 날카로운 검이 당신의 양심을 깊이 찌르게 하라(약 1:22-27, 히 4:12-13). 그런 다음, 당신을 시기할지 모르는 사람들에게 관해 생각해보라. 그들이 어떤 면에서 당신을 부러워할지 상상해보라. 그리고 실제로 당신이 얼마나 강하거나 참을성이 많거나 이타적이거나 용서가 많은지 생각해보라. 그런데도 그들이 당신처럼 완벽하지 못하다는 생각에 절망한 상태라면? 그들이 당신을 너무나 대단하게 여겨서 시기하고 있다면? 무슨 말인지 이해할 것이다. 오직 예수님만 겉으로 보이는 모습과 실제 모습이 똑같으시다. 나머지 우리는 모두 사람들이 부러워하는 모습과 실제 모습이 몹시 다르다. 그런데도 시기라는 지긋한 악으로 관계가 긴장되고 흔들리며 심지어 깨진다.

우주적 전쟁

긴장되고 흔들리는 관계들을 천국과 지옥 사이 전쟁의 일부로 생각하기는 쉽지 않지만, 그것은 엄연한 사실이다. 요한일서 3장 12절이 기억나는가? 그 구절은 동생을 향한 시기심에 불탔던 가인이 "악한 자에게 속하여" 동생 아벨을 죽였다고 말한다. 첫 형제 관계의 깨짐은 바로 사탄과 연관 있다. 예수님이 말씀하셨듯이 하나님의 가장 큰 적이 "오는 것은 도둑질하고 죽이고 멸망시키려는 것뿐이[다]"(요 10:10). 천사에서 파괴의 우두머리로 변한 사탄의 목적은 우리를 하나님에게서 떼어놓을 뿐 아니라 서로에게서 떼어놓는 것이다. 그도 그럴 수밖에 없는 것이, 예수님은 전심으로 하나님을 사랑하는 것보다 더 중요한 것이 없다고 말씀하신 뒤에 이웃도 우리 자신처럼 사랑해야 한다고 말씀하셨기 때문이다. 그러니 그리스도의 적이 우리가 이 두 가지를 하지 못하도록 필사적으로 방해하는 것이 너무도 당연하다. 하나님은 "형제가 연합하여 동거함이 어찌 그리 선하고 아름다운고"(시 133:1)라고 말씀하셨다. 그러니 우리가 서로 좋은 관계를 맺지 못하도록 방해하기 위해 사탄이 부하들을 쉴 새 없이 보내는 것이 너무도 당연하다. 그리고 사탄이 인간의 우애를 파괴하기 위해 처음 사용한 도구가 시기였던 것을 생각하면 몹시 섬뜩하다.

천사와 악마라는 주제로 메시지를 전할 때 나는 우리 사이에 관계적 갈등을 일으켜 우리를 서로 떼어놓는 것이 하나님의 대적 사탄의 우선 사항 중 하나라는 말을 자주 한다. 이런 면에서 사탄의 전략을 알면 그의 유혹에 맞서 싸우는 데 도움이 될 수 있다.

에베소서 6장 12절에서 말하는 "하늘에 있는 악의 영들"과의 영적 전쟁은 언제나 이 땅에서의 관계적인 전쟁으로 번진다. 심지어 사탄은 교회 안의 가장 끈끈한 관계까지도 공격한다. 하나님이 젊은 목사 디모데에게 하신 경고의 말씀을 마음에 새기라. "어리석고 무식한 변론을 버리라 이에서 다툼이 나는 줄 앎이라"(딤후 2:23). 디모데후서는 계속해서 교회 안에 "마귀의 올무"에 사로잡힌 사탄의 사자들이 있다고까지 말한다(26절). 예수님이 훔치고 죽이고 파괴하기 위해 돌아다닌다고 말씀하신 자는 마찰과 갈등, 파괴를 낳으려고 애를 쓰고 있으며, 그가 애용하는 무기는 바로 시기다. 하지만 요즘 대부분 사람은 이 시기에 별로 혹은 전혀 관심을 기울이지 않는다.

힘든 해법

하나님은 예수님의 이복형제를 사용하여 시기가 낳는 긴장과 상처에 관한 적나라한 진실과 힘든 해법을 알려주셨다. 이 성경 구절은 생각을 자극하는 질문을 던짐으로써 시기라는 단어를 언급하지 않고서 시기의 결과를 완벽하게 제시한다. 우리는 이런 질문에 솔직하게 답하는 시간을 내야 한다. 야고보는 이렇게 물으면서 시작한다. "너희 중에 싸움이 어디로부터 다툼이 어디로부터 나느냐?"(약 4:1) 내가 방금 말했듯이 곧바로 플립 윌슨(Flip Wilson)처럼 받아넘기지 마라. "악마가 나를 그렇게 하도록 만들었다!"[18] 마귀가 우리의 마음속에서 사용하는 전략을 생각해보라. 야고보는 곧바로 익숙한 진단을 내놓는다. "너희 지체 중에서 싸우는 정욕으로부터 나는 것이 아니냐?"(1절) 우리는 이런 보이지 않는 뿌리를 뽑아야 한다는 것은 알지만, 이것이 계속해서 우리 삶 속에서 관계를 망가뜨리고 있다. 여기서 야고보가 말하는 정욕은 시기와 관련이 있다. 바로 다음 구절을 보면 알 수 있다. "너희는 욕심을 내어도 얻지 못하여 살인하며 시기하여도[여기서는 탐내다(covet)] 능히 취하지 못하므로 다투고 싸우는도다"(2절). 그러면 우리는 무엇을 욕심내고 탐내는가? 그것이 '살인'과 '다툼'을 낳을 정도면 우리는 단순히 남들이 가진 것과 비슷한 것을 원하는 것이 아니다. 이는 남들이 우리가 원하는 것을 가졌다는 사실로 인해 그들에게 극심한 적대감과 미움을 품는 것이다. 우리가 원하는 것이 그들의 두뇌든 근육이든 사업 수완이든, 우리는 그들이 가진 것을 원하고, 그들이 그것을 가진 것을 고깝게 여긴다. 야고보는 '살인'이라는 단어를 사용한다. 그들의 성경 공부 모임에서 실제로 살인이 벌어지지는 않았다 해도 험담과 중상이라는 언어적 살인이 걷잡을 수 없이 벌어졌던 것이 분명하다.

    야고보가 2절에서 '시기하다' 대신 '탐내다'라는 단어를 사용한 것은 아마도 우리가 이기적인 착각에 빠져 다른 주변 사람들이 가진 것을 추구한다는 점을 지적하기 위해서였을 것이다. 이 탐심은 시기의 기초이며, "정욕으로 쓰려고" 하나님께 구하는 것은 "잘못 구하"는 것 이상이다 (3절). 그것은 남들이 가진 일시적인 복을 모두 가지면 행복해지고 마침내 만족을 얻을 것이라는 착각에 사로잡힌 것이다. 하나님은 솔로몬을 사용하셔서 우리에게 이런 시대를 초월한 지혜를 주셨다. "은을 사랑하는 자는 은으로 만족하지 못하고 풍요를 사랑하는 자는 소득으로 만족하지 아니하나니 이것도 헛되도다"(전 5:10). 우리 안에서 전쟁을 벌이는 어리석은 정욕들은 극복해야 할 문제다.

내가 해법이 어렵다고 말한 것은 이 구절이 문제 해결의 첫 단계로 매우 강력한 처방을 제시하고 있기 때문이다. 간단히 기도를 한 번 드리거나 쉬운 단계들을 따르는 것으로는 문제를 해결할 수 없다. 우리 그리스도인의 삶에서 여전히 나타나고 있는 우리의 옛 방식과 옛 가치를 지독히 미워하면서 시작해야 한다. 이것은 문제를 그만큼 심각하게 받아들이라는 뜻이다. 이 문제는 야고보가 이전 장에서 말한 독한 질투와 이기적인 욕심, 즉 관계를 망가뜨리는 "땅 위의 것이요 정욕의 것이요 귀신의 것"(약 3:14-15)보다 더 깊은 문제다. 야고보는 이 문제를 강력하게 비난하고, 동시에 해법을 제시한다. 이 구절을 천천히, 겸손한 마음으로, 자신을 돌아보면서 읽으라. 시기의 죄와 그것이 일으키는 관계적인 피해에 관해 깊이 생각해보라. 보다시피 이 구절은 먼저 우리 안에 과거의 것이 되어야 하는 세상적인 가치가 있다는 점을 인정하면서 시작한다. 교만, 사탄, 하나님의 질투에 대한 적절한 반응이 이 중요한 텍스트에서 서로 어떻게 얽혀 있는지를 눈여겨보라.

간음한 여인들아 세상과 벗된 것이 하나님과 원수 됨을 알지 못하느냐 그런즉 누구든지 세상과 벗이 되고자 하는 자는 스스로 하나님과 원수 되는 것이니라 너희는 하나님이 우리 속에 거하게 하신 성령이 시기하기까지 사모한다 하신 말씀을 헛된 줄로 생각하느냐 그러나 더욱 큰 은혜를 주시나니 그러므로 일렀으되 하나님이 교만한 자를 물리치시고 겸손한 자에게 은혜를 주신다 하였느니라 그런즉 너희는 하나님께 복종할지어다 마귀를 대적하라 그리하면 너희를 피하리라 하나님을 가까이하라 그리하면 너희를 가까이하시리라 죄인들아 손을 깨끗이 하라 두 마음을 품은 자들아 마음을 성결하게 하라 슬퍼하며 애통하며 울지어다 너희 웃음을 애통으로, 너희 즐거움을 근심으로 바꿀지어다 주 앞에서 낮추라 그리하면 주께서 너희를 높이시리라 형제들아 서로 비방하지 말라(약 4:4-11).

이 책에서 시기에 대한 구체적이고도 실천적인 처방으로서 '하나님을 가까이하는 것'이 무슨 의미인지를 살펴볼 것이다. 하지만 먼저 이 악이 사회 전반에 뿌리를 내릴 때 일으킬 수 있는 가장 광범위한 피해를 진지하게 살펴보자.

4장
시기의 사회적 대가

우리 형은 한 교회를 목회하기 위해 캔자스주로 이사했다. 그런데 캔자스주의 날씨는 우리가 어릴 적에 살던 곳보다 훨씬 더 혹독했다. 그곳에서는 날씨 예보가 정말 중요하다. 단순히 집을 나설 때 우산을 갖고 가야 할지 결정하는 차원의 문제가 아니다. 토네이도 앨리(Tornado Alley, 토네이도가 자주 일어나는 지역을 일컫는 말)에서는 오후에 중요한 날씨 예보가 있으면 기상 예보관이 텔레비전과 소셜미디어에 나와 불길한 소식을 전한다. "경고! 심각한 날씨 경고! EF3 등급과 EF4 등급의 토네이도가 발생할 수 있습니다." 그곳의 날씨는 한번 나빠지면 그야말로 아수라장이 될 정도다.

내가 캔자스주로 가서 이 모든 상황을 단번에 바꿔놓을 수 있다. 텔레비전 뉴스 방송국과 면접 약속을 잡는다. 거기서 경영진에게 오직 좋은 일기 예보만 내보내겠다는 약속을 받아낸다. 주민들에게 공포감을 조성하는 낡은 일기 예보를 종식하겠다고 선언한다. 어떤 경우에도 오직 기분 좋은 날씨 예보만 가장 기분 좋은 표현으로 전해서 모두가 기분 좋게 만들겠다고 자신만만하게 이야기한다.

유쾌한 남자의 유쾌한 아이디어가 아닌가? 하지만 이 제안은 현실과 완전히 동떨어져 있다. 그래서 나의 이 제안은 백 퍼센트 거절당할 것이다. 필시 방송국 경영진은 내게 이렇게 말할 것이다. "우리가 일기 예보를 내는 이유는 사람들을 겁주기 위해서가 아니라 사람들이 최악의 상황을 대비하도록 돕기 위해서입니다!"

하나님의 일기 예보

하나님은 성경을 통해 말세에 "난리와 난리 소문… 민족이 민족을, 나라가 나라를 대적하여 일어나겠고"(마

24:6-7)라고 말씀하신다. 안타깝게도 성경은 "말세에" 갈등과 불신, 비방, 잔혹한 행위가 더욱 기승을 부릴 것이라고 말한다(딤후 3:1-5). 나중에는 잔인함이 너무 만연해서 하나님이 "사람의 죄악이 세상에 가득함과 그의 마음으로 생각하는 모든 계획이 항상 악할 뿐임을 보시고"(창 6:5)라고 말씀하셨던 노아의 때와 같아질 것이다. 그때 그리스도께서 거대한 폭풍처럼 돌아오셔서 심판을 시작하실 것이다(계 6-19장).

역사 속에서 우리는 이미 나라와 제국과 열강의 흥망성쇠를 보았다. 이 역사는 언젠가 고삐 풀린 방탕과 갈등과 분열이 전 세계적인 차원에서 일어날 것임을 보여준다. 하나님이 억제하는 손을 거두시고 인간들이 만족할 줄 모르는 욕구대로 하게 놔두실 때 강력한 제국들이 무너졌다. 한 사회에 관한 성경의 다음 묘사를 보라. 너무나 익숙한 상황이지 않은가?

> 또한 그들이 마음에 하나님 두기를 싫어하매 하나님께서 그들을 그 상실한 마음대로 내버려 두사 합당하지 못한 일을 하게 하셨으니 곧 모든 불의, 추악, 탐욕, 악의가 가득한 자요 시기, 살인, 분쟁, 사기, 악독이 가득

한 자요 수군수군하는 자요 비방하는 자요 하나님께서 미워하시는 자요 능욕하는 자요 교만한 자요 자랑하는 자요 악을 도모하는 자요 부모를 거역하는 자요 우매한 자요 배약하는 자요 무정한 자요 무자비한 자라 그들이 이 같은 일을 행하는 자는 사형에 해당한다고 하나님께서 정하심을 알고도 자기들만 행할 뿐 아니라 또한 그런 일을 행하는 자들을 옳다 하느니라(롬 1:28-32).

부패하고 다툼이 가득한 이 사회 시민들의 마음속에 가득한 것들을 묘사한 이 목록에서 무엇이 앞에 나오는지를 눈여겨보라. 바로 시기다! 그들은 '시기가 가득한' 자들이다. 그리고 우리가 경험했듯이, 사람들의 마음속에 시기가 가득해지면 그다음으로 나타나는 것은 살인으로 가득해지는 것이다! 또한 그들은 분쟁, 사기, 악독, 수군거림, 비방으로 가득해진다. 이런 문화 속에서는 이런 일이 너무 흔해져서 사람들이 더는 이런 것을 부끄러워하지 않는다. 더는 죄책감에 시달리지도 않는다. 오히려 이렇게 하는 것을 자랑하고, 서로 이 행동을 하도록 부추긴다. 이런 사회에서 어떤 종류의 영웅을 찬양하고, 어떤 종류의 음악을 사랑하며, 어떤 유형의 오락거리를 즐길지 충분히 짐작해볼 수 있다. 또 이런 사회에서 어떤 책이 베스트셀러가 되고 대중이 어떤 소셜미디어 메시지에 환호할지 충분히 상상해볼 수 있다.

역사 속에서 시대가 제정신을 되찾을 때마다 그리스도인은 서로 다투는 문화적 진흙탕을 분명히 본다. 17세기 유럽에 30년 전쟁(Thirty Years' War)이 한창일 때 한 독일어 성경책에 쓰인 글을 보라. "사방에 시기와 미움과 탐욕이 가득하다. 전쟁은 우리를 이렇게 만들었다…우리는 짐승처럼 살고 있다."19)

남녀노소의 마음속에 숨어 있는 시기보다 더 사회를 망가뜨리는 죄도 없다. 이것은 겁을 주려는 경고가 아니다. 이것은 지금 우리가 사는 사회에 대비하기 위해 알아야 할 진실이다.

시기로 인한 문화적 갈등

우리 사회의 분쟁을 묘사하는 1면 기사들은 시기라는 치명적인 죄를 찾아서 몰아내지 않을 때 우리의 영혼과 교회에 미치는 피해를 계속해서 보여주고 있다. 깊이 생각하지 않아도 우리 사회에 가득한 분노와 짜증, 적대감의 뿌리가 시기로 인한 불만족과 원망에서 비롯했다는 것을 알 수 있다. 예로부터 악명 높은 선동가들은 서로의 불균형을 지적하며 폭동과 혁명을 일으켜왔다. 그들은 자신의 세대를 향해, 분연히 일어나 더 많은 것을 얻고 사회적 불균형을 끝내기 위해 싸우라고 소리를 질렀다.

교회가 '나는 바울에게 속했다'와 '나는 아볼로에게 속했다'라고 외치며 치고받는 곳으로 전락할 수 있는 것처럼, 우리 사회는 '나는 우리에게 속했다'와 '너는 저들에게 속했다'라며 서로 다투고 있다. 우리 사회의 말과 동영상을 유심히 살펴보면 여지없이 익숙한 후렴구가 들린다. "저들이 내가 갖지 못한 것을 가진 것을 참아줄 수 없어!" 이것이 단순한 탐심이라면 사람들은 단순히 슬프거나 우울하거나 패배감에 빠져 있을 것이다. 하지만 사람들은 분노와 적대감과 앙심을 품고 있다. 우리 사회에는 갈등과 폭력과 증오가 가득하다. 그것은 바로 시기가 가득하기 때문이다.

최근 한 경제학자는 강단을 가득 채운 주주들에게 이렇게 말했다.

세상은 탐욕으로 움직이고 있지 않습니다. 시기로 움직이고 있습니다. 모든 사람이 전보다 다섯 배는 잘살게 되었지만 이제 다들 이 상황을 당연하게 여깁니다. 이제 모든 사람이 생각하는 것은 누군가가 더 많이 갖고 있다는 것입니다. 그리고 우리는 모두 자신이 갖지 못한 것을 그가 가진 것이 불공평하다고 생각합니다.[20]

우리는 먹을 것이 풍성하고, 편히 잘 곳이 있고, 의료 시스템과 약, 스마트폰, 인터넷의 혜택을 누리면서도 자신이 가지지 못한 것을 가진 자들을 흘겨본다. 우리는 돈이 더 많은 위쪽 계층을 바라보며 "저들이 가진 것이 내게 '꼭' 필요해"라고 말하며, 우리가 누리지 못하는 것을 저들이 누리는 상황이 지극히 부당하다고 생각한다. 이런 불만족은 반드시 '가진 자'에 대한 분노와 적대감으로 이어진다.

시기의 파괴적인 힘

성경을 펴면 몇 장 넘기지 않아서 시기와 분노로

인해 사회적 라이벌로 생각하는 이들을 적대시하는 무리가 나타난다. 그리고 그 결과는 항상 파괴적이다. 가인과 아벨의 상황이 계속해서 반복된다. 단, 규모는 훨씬 더 커졌다.

창세기 11장에서 새롭게 형성된 바벨 지역의 주민들이 하늘에 도전했을 때 그 중심에는 시기가 있었다고 말할 수 있다. 그들이 하늘까지 닿는 탑을 쌓기 시작했을 때 건축가들은 이렇게 말하지 않았을까? "우리 사전에 2등이란 없다." 물론 그들의 교만한 건설 프로젝트는 혼란이 찾아와 모두가 뿔뿔이 흩어지는 굴욕적인 결과로 끝맺었다.

이스라엘 백성이 애굽에서 집단으로 탈출하여 광야에서 헤맬 때 불만에 빠진 일부 무리는 모세와 그의 리더들이 가진 특권을 시기해서 더는 참아줄 수 없다고 생각했다. 그들은 자신들이 너무 중요한 사람이어서 똑같은 힘을 가져야 한다고 생각했다(민 16:3). 그들은 모세에게 어떻게 "스스로 높이느냐?"라고 따졌다. 하지만 사실은 모세에게 복을 주고 그를 리더의 자리에 앉히고, 리더가 담당해야 할 압박과 문제도 함께 주신 분은 하나님이셨다. 기억할지 모르겠지만, 하나님은 땅을 열어 반란군

수백 명을 삼켜 즉시 죽게 하셨다. 이는 우리에게 시기로 인한 적대감에 빠지지 않도록 기억에 남을 본을 보여주신 것이다.

사무엘 선지자의 시대에 이스라엘 백성은 다른 나라들의 외적인 모습을 시기하며 그 모습을 따라가려고 했다. 그들은 인간 왕을 원했다. 인간 왕이 없어서 자신들이 불리하다고 생각했다(삼상 8:19-20, 12:10-12). 그전에는 하나님이 그 나라에 필요한 모든 것을 공급해주셨다. 수백 년 동안 군사적 위협이 있을 때마다 하나님은 은혜롭게도 적절한 리더를 세워주셨다. 그 리더들이 군대를 소집하여 이스라엘의 적들을 물리쳤다. 하나님의 공급하심은 항상 완벽했다. 하지만 이스라엘 백성은 자신들에게 전혀 물리적인 위협이 되지 않는데도 힘의 불평등에 집착했다. 그래서 그들은 아우성을 치고 불평하고 죽는소리를 했다. 결국 하나님은 자주 그러셨듯이, 그들이 악한 마음대로 하게 놔두셨다. 당시 그들의 마음은 시기로 불타고 있었다. 하나님은 그들에게 경고하신 뒤 그들이 원하는 것을 주셨고, 사무엘을 통해 그들이 선지자인 사무엘을 거부한 것은 곧 그분을 거부한 것이며, 곧 온갖 큰 대가를 치를 것이라고 말씀하셨다(삼상 8:7).

성경을 보면 사람들이 시기심과 적대감으로 인해 누구도 특별 대우나 예외적인 힘이나 특권을 갖지 못하도록 노력했을 때 온갖 역효과만 나타난 역사적 사례가 많다. 그리고 성경을 통해 하나님은 "피조물에 대해서 내가 원하는 대로 할 것이다"라고 힘주어 말씀하시고, 실제로 그렇게 하신다.

하나님의 다양한 복 그리고 시험

당신에게 묻고 싶다. 지난달에 왜 테드(TED)에서 강연하지 않았는가? 왜 이번 가을에 케임브리지나 옥스퍼드에서 강의하지 않고 있는가? 왜 작년에 NBA의 한 팀과 수백만 달러의 계약을 맺지 않았는가? 최근 왜 패션 잡지 커버 사진을 찍지 않았는가? 왜 올해 에미상, 그래미상, 오스카상, 토니상을 싹쓸이하지 못했는가?

내가 왜 그렇게 못했는지는 안다. 그리고 누구도 내게 이렇게 묻지 않는다. 그럴 만한 이유가 있다. 나는 이런 것을 할 수 있는 재능을 전혀 타고나지 않았다. 그렇다고 해서 이런 상황에 불만을 품지 말아야 한다. 감사하게도 지금은 그렇게 하고 있다. 최소한 우리 어머니는 내가 원하는 것을 모두 할 수 있다거나 뭐든 원하는 대로 될 수 있다는 말을 한 적이 없다. 그것이 얼마나 다행인지 모른다! 어머니가 그런 말을 했다면, 나는 분명히 크게 실망했을 테고, 마음속에 숨겨진 인간 본연의 시기만 일어났을 것이다. 감사하게도 어머니는 그런 말을 하지 않았다.[21]

잠시 양육에 관한 이야기를 하자면, 2장에서 나는 18세기가 끝날 무렵에 설교했던 케임브리지 대학 졸업생 윌리엄 로의 짧은 말을 인용했다. 그는 부모들이 자식 안의 악한 시기를 어떻게 부추길 수 있는지에 관해 조언했다. 대부분 부모는 하나님이 남들과 다르게 주신 은혜에 감사하도록 자녀를 가르치지 않는다. 그러나 하나님은 그분의 주권에 따라 재능과 복을 전혀 '동등하지 않게' 분배하신다. 다음은 이 문제에 관한 윌리엄의 글 중 일부다. 옛 언어로 쓰여서 (영어 원문을) 읽기 힘들지만, 읽을 만한 가치가 있다.

우리는 아이에게 지는 것을 경멸하고, 우수함과 칭찬을 갈망하도록 가르친다. 그러니 그가 평생 같은 식으로 행동하는 것이 너무도 당연하다.

아이가 그리스도인이 되어 겸손의 교리에 따라 마음을 다스려야 한다면, 도대체 언제부터 시작해야 하는가? 아니, 어차피 결국은 그렇게 해야 한다면 왜 애초에 겸손과 완전히 상반된 기질을 가르치는가?

야망과 시기, 경쟁심을 품고 영광과 우수함을 갈망하도록 배운 아이에게 겸손의 교리가 얼마나 무의미하게 들리겠는가. 그가 어른이 되어서는 이런 원칙에 따라 행동하지 말아야 한다면 왜 우리는 어릴 적에는 그에게 그렇게 행동하라고 가르치는가?

모든 사람이 시기를 인간의 마음속에 들어올 수 있는 가장 비열하고 천하고 악한 정욕으로 여긴다.

그런데 우리가 바로 이 기질을 아이들의 마음속에 불어넣고 있지 않은가?

'아이의 마음을 일깨우는 말은 시기가 아니라 경쟁이다'라는 말이 있는 줄 안다.

하지만 그것은 공허한 말이다. 아이에게 경쟁자를 참아주지 말고 또래의 누구에게라도 지는 것을 경멸하라고 가르치는 것은 곧 시기심을 품으라고 대놓고 가르치는 격이기 때문이다. 지는 것을 경멸하고 경쟁자와 싸우면서, 자신을 앞서거나 자신보다 두각을 나타내는 것처럼 보이는 모든 사람을 향한 시기심으로 타오르지 않는 것은 불가능하기 때문이다. 따라서 우리는 아이들에게 지독한 시기를 가르치면서 덜 불쾌하게 들리는 이름으로 포장하고 있을 뿐이다.[22]

내가 자신의 "몫"(전 3:22)에 만족하라고 말한다고 해서 하나님이 맡겨주신 재능의 훌륭한 청지기가 되겠다는 '이타적인' 열정과 노력에 찬물을 끼얹으려는 것은 전혀 아니다. 당신은 NBA 선수가 되지 못할 가능성이 크다. 그리고 그래도 괜찮다. 그렇다면 하나님은 이 땅에서 당신이 무엇을 하고 무엇을 이루도록 재능을 주셨는가? 성경은 "무슨 일을 하든지 마음을 다하여"(골 3:23) 하라고 말하는데, 이것은 윌리엄 로가 말한 '경쟁'(학급이나 분야나 업무에서 다른 모든 사람을 이기려고 노력하는 것)을 그럴듯하게 표현한 말이 아니다. 이 구절의 다음 부분에서 보듯이 우리의 일을 "주께 하듯 하고 사람에게 하듯 하지" 말아야 한다. 우리의 일은 궁극적으로 사람들을 위해서 하거나, 사람들을 경쟁적으로 바라보면서 하거나, 사람들에게 잘 보이기 위해서 하거나, 사람들의 일에 비추어 자신을 판단하기 위해서 하는 것이 아니다. 우리 일은 우리에게 주권적으로 능력을 주신 하나님을 인정해드리고, 하나님이 우리를 두신 곳에서 겸손하게, 사랑으로, 생산적으로 살기 위한 것이다.

주권적인 다양성

하나님은 주권적이시다. 이것은 성경에서 꽤 어려운 교리 중 하나다. 당신이 생각하는 복잡한 이유에서가 아니라 단순한 이유 때문인데, 그것은 바로 하나님이 하나님이시고 우리는 하나님이 아니기 때문이다. 정말로 이것이 다. 일단, 복잡한 수수께끼와 패러독스와 이율배반 따위는 생각하지 마라. 이 교리에서 가장 어려운 부분은 우리가 언제 어디에서 어떤 부모 아래서 태어났고 키가 얼마나 클지, 눈의 색깔은 무엇일지를 전혀 결정하지 않았다는 것이다. 이 외에도 우리는 우리의 유전자에 관한 그 어떤 것도 결정하지 않았다. 하지만 필시 당신은 이 현실을 거부하고 싶을 것이다. 이성을 가진 피조물은 다 그렇다. 우리는 하나님이 하나님이시라는 사실을 거부하기를 원한다. 최소한 우리 자신의 삶에 대해서는 스스로 하나님 역할을 맡기 원한다. 도움 따위는 필요 없어! 내가 결정하게 놔둬! 내가 모든 것을 생각하고 결정하게 놔둬. 우리는 이렇게 생각하기를 원한다. 하지만 최소한 내가 위에서 제시한 목록에서만큼은 필시 당신은 무기력감을 느꼈을 것이다. 당신이 하나님이 아닌 것처럼 느껴졌을 것이다. 그런 느낌은 좋은 것이다.

바울은 사도행전 17장에서 아테네의 교수들에게 강의할 때 청중이 꼭 알아야 할 기본적인 진리로 시작했다.

우주와 그 가운데 있는 만물을 지으신 하나님께서는 천지의 주재시니 손으로 지은 전에 계시지 아니하시고 또 무엇이 부족한 것처럼 사람의 손으로 섬김을 받으시는 것이 아니니 이는 만민에게 생명과 호흡과 만물을 친히 주시는 이심이라 인류의 모든 족속을 한 혈통으로 만드사 온 땅에 살게 하시고 그들의 연대를 정하시며 거주의 경계를 한정하셨으니(행 17:24-26).

바울은 하나님이 계시며 우리는 하나님이 아니라는 사실을 상기시킨다. 하나님은 우리가 언제 어디에 존재할지를 결정하셨을 뿐 아니라 지금, 이 순간에도 계속해서 우리에게 생명을 주고 계신다.

이 사실을 깨닫는 것이 도움이 된다. 특히 우리의 주제와 관련해서 도움이 된다. 이 현실을 받아들일수록 내가 짐이나 톰이나 라이언이 아니라고 어리석게 한탄하지 않는다. 나는 이런 사람들의 재능이나 기술을 가지지 못했을 뿐 아니라 하늘을 날 수도 없고 5세기에 태어날 수도 없다. 또 지구의 중심부에서 살 수도 없고 순무일 수도 없다. 나는 하나님이 성경에서 여러 번 말씀하신 이 기본적인 현실을 받아들여야 한다.

도끼가 어찌 찍는 자에게 스스로 자랑하겠으며 톱이 어찌 켜는 자에게 스스로 큰 체하겠느냐 이는 막대기가 자기를 드는 자를 움직이려 하며 몽둥이가 나무 아닌 사람을 들려 함과 같음이로다(사 10:15).

이 사람아 네가 누구이기에 감히 하나님께 반문하느냐 지음을 받은 물건이 지은 자에게 어찌 나를 이같이 만들었느냐 말하겠느냐 토기장이가 진흙 한 덩이로 하나는 귀히 쓸 그릇을, 하나는 천히 쓸 그릇을 만들 권

한이 없느냐(롬 9:20-21).

우리 인생의 선물이나 복에 관해서 성경은 "각각 하나님께 받은 자기의 은사가 있으니 이 사람은 이러하고 저 사람은 저러하니라"(고전 7:7)고 가르치고 있다. 좋은 소식은 당신이 이 책을 읽고 있다면 생명을 받았고, 하나님을 영화롭게 하기 위해 그분의 형상대로 그분께 지음을 받았다는 것이다. 그리스도인으로서 내가 가지지 않은 것에 신경 쓰지 않고 하나님의 다음 말씀을 붙들 수 있으니 얼마나 좋은지 모른다. "은사는 여러 가지나 성령은 같고 직분은 여러 가지나 주는 같으며 또 사역은 여러 가지나 모든 것을 모든 사람 가운데서 이루시는 하나님은 같으니"(고전 12:4-6). 이는 자존감과 용기, 의욕을 주는 말씀이다. 하나님은 나를 지으셨고, 내게 은사를 주셨으며, 능력도 주셨고, 나를 통해 일하실 것이다. 나는 당신이 아니고, 당신은 내가 아니다. 그러니 내가 누리고 당신은 누리지 못하는 것과 당신이 누리고 내가 누리지 못하는 것에 대해서 서로 비교하며 분노하는 것을 멈추자.

이것이 당신의 귀에 당장은 좋은 말처럼 들릴지 모르지만, 십중팔구 당신은 곧 반박할 것이다. "잠깐, 내가 미식축구의 러닝백 선수고, 당신이 미들라인배커 선수라면 얼마든지 그렇게 할 수 있어. 심지어 내가 같은 미들라인배커라도 괜찮아. 하지만 내가 아예 선수도 아니라면? 내가 싸구려 좌석을 돌며 핫도그나 파는 잡상인이라면?" 좋은 질문이다. 내가 와이드리시버 선수인데 쿼터백 선수가 되고 싶은 것이 아니라, 내가 경기장 청소 직원인데 쿼터백이 되고 싶다면? 내가 공을 던지는 포지션이 아니라 받는 포지션인 것은 그나마 괜찮다. "하지만 나를 봐. 나는 화장실 변기나 뚫는 신세야!"

잘 듣고 있는가? 다른 예를 들자면, 남의 집 딸이 연극에서 주연을 맡고 자기 딸은 조연을 맡아서 그 딸의 엄마를 시기할 수 있다. 하지만 엄마가 되기를 원하는 여성은 어떠한가? 남자를 사귈 수조차 없는 여성도 딸이 연극에서 주연을 맡은 엄마를 시기하지 않도록 이를 악물어야 하는가? 그러기에는 '격차'가 너무 크다. 이런 경우에는 어디에 소망이 있는가? 하나님이 내게 주권적으로 자식, 심지어 남편도 없는 삶을 주셨다면 어디에서 위로를 찾을 수 있는가?

답이 있다. 소망이 있다. 시기를 물리치고 만족하는 삶을 살도록 하나님이 주시는 은혜와 힘이 있다. 하지만 그 은혜와 힘을 얻기 위해서는 언제나 하나님의 주권으로 돌아가야 한다.

우리 딸은 한 가지 선천적 결함을 안고 태어나서 여러 번 수술을 받아야 했고, 결국 무릎 아래로 장애가 생겼다. 딸아이는 정상적이라고 부를 만한 삶을 살지 못하고 있다. 하지만 이것이 그 아이의 '정상적인 삶'이다. 이런 자녀를 키우면 하나님의 주권적인 결정을 받아들일 수밖에 없다. "얘야, 너는 뭐든 원하는 대로 될 수 있고, 뭐든 원하는 것을 할 수 있어!"라고 말하지 않게 된다. 그렇게 말하는 것은 거짓말이다. 우리 딸 같은 자녀를 키우면 그런 어리석은 말을 잘 하지 않게 된다. 딸이 갑자기 "축구를 하고 싶어" 혹은 "댄서가 되고 싶어" 혹은 "당장 일어나서 달리고 싶어"라고 말하면 하나님의 주권적인 선택을 인정하는 반응을 해주어야 한다.

혹시라도 '이 얼마나 슬픈 일인가'라는 생각은 하지 마라. 물론 걷지 못하는 것이 장애인 것은 사실이다. 그러나 우리는 현실을 부정하며 스스로 속이지 않는다. 그리고 딸아이는 다른 사람이 자기 상태를 보고 동정하거나 슬퍼하기를 바라지 않는다. 물론 다른 부분에서 당신에게 도움을 구할 수는 있다. 그런데 우리 딸의 목표는 시기에 휩싸이지 않는 것이다. 딸은 자기 삶만큼이나 다른 사람의 삶에도 제약이 많다는 점을 알고 있다. 또한 다른 사람도 남들이 갖고 누리는 것 중에서 갈망하는 것이 많다는 점도 알고 있다. 모든 사람의 삶에는 하나님이 주권적으로 정하신 시련이 있다. 나는 독자들이 각자 자신이 경험하는 시련을 생각해볼 수 있도록 우리 딸이 경험한 시련에 관한 책을 한 권 썼다.[23] 하지만 바울이 자기 시련에 대해(하나님께 그것을 없애달라고 했지만, 하나님이 그 요청을 들어주지 않으셨을 때) 했던 고백을 우리도 할 수 있다. 즉, 우리에게 무엇이 부족해도 하나님의 능력이 약함 가운데서 온전해지기에 그분의 은혜가 우리에게 족하다고 고백할 수 있다(고후 12:9).

겸손과 감사

분명 우리 힘만으로는 우리가 사는 세상을 바꿀 수 없다. 이 세상은 시기로 가득하다. 시기가 사람들의 마음을 경쟁과 분노로 몰아가고 있다. 그리고 일기 예보를 보면 상황이 호전될 기미가 보이지 않는다. 따라서 우리의 목표는 세상을 바꾸는 것이 아니라 하나님을 예배하고 그분께 감사드리는 것이다. 이런 고결하고 경건한 행위는 세상 사람 대부분이 인정하기를 거부하는 현실을 고려한 행위다. 그 현실은 하나님이 계시며, 그분이 우리에게 생명과 숨을 비롯하여 우리가 가진 모든 것을 주실 만큼 인자하신 분이라는 것이다. 모든 상황에서 감사하면 세상 사람들이 움켜쥐는 것들, 서로 등을 찌르면서 얻으려고 애쓰는 것들에 집착하지 않을 수 있다. 우리에게는 이 행성에 더없이 다양한 사람을 두신, 은혜롭고 강하신 아버지가 계신다.

우리가 이생에서 많은 것을 원하고 그중에는 원해야 마땅한 것들도 있지만, 하나님이 그중에서 우리에게 주실 것도 있고 주지 않으실 것도 있다. 하나님이 없애주셨으면 하는 고통도 있다. 어떤 경우 하나님은 그 고통을 없애주시지만, 그렇지 않은 경우도 있다. 하지만 어떤 경우든 우리는 궁극적인 선물은 최종적이고 진정한 만족과 함께 내세에 찾아온다는 사실을 깨닫고서 이 세대 속에서 반문화적인 사람들이 되어야 한다. 구약의 한나처럼 일시적인 선물을 받더라도, 심지어 그 선물이 자식처럼 귀한 것이라 해도, 진정하고도 영원한 선물은 어디까지나 우리 하나님을 아는 것이다. 이생에서조차 그것이 궁극적인 선물이다. 우리는 이 점을 볼 수 있어야 한다.

예레미야의 말처럼, 우리가 보물로서 소중히 여겨야 할 것은 이 세상 보물이 아니다. 지혜로운 사람은 자기 지혜를 보물로 여기지 말고, 강한 사람은 자기 힘을 보물로 여기지 말며, 부자는 자기 부를 보물로 여기지 말아야 한다. 옥스퍼드 교수들은 자기 학문적 성취를 보물로 여기지 말고, NBA 선수들은 자기 성적이나 연봉을 보물로 여기지 말아야 한다. 예레미야에 따르면, 우리가 보물로 여겨 자랑해야 할 것은 하나님을 이해하고 아는 것이다(렘 9:23-24). 이것 외에 진정으로 중요한 것은 없다. 한나의 이야기로 돌아가보자.

기억할지 모르겠지만 한나는 아이를 가질 수 없었고, 그런 상황에 있는 사람들이 대개 그렇듯 아이를 진정으로 원했다. 한나는 아이를 달라고 간절히 기도했고, 아기를 포대기에 싸서 안고 있는 여성이나 아이에게 걸음마를 가르치는 여성을 보면 시기심에 빠질 유혹을 느꼈다. 그런데 놀랍게도 하나님이 원하던 아이를 주셨을 때 한나가 사무엘이라고 이름 지은 그 아이를 어떻게 했는지 기억하는가? 한나는 자신에게 주권적으로 아이를 주신 하나님을 보물처럼 소중히 여긴 나머지, 그 아이를 하나님께 '돌려드렸다.' 그녀는 그 아이를 예배의 장소에 두고 집으로 돌아왔다. 우리는 상상도 할 수 없는 일이다! 목숨보다 귀한 아들인데 어떻게 선물보다 선물을 주신 분을 더 소중히 여길 수 있는가! 하지만 한나는 그렇게 할 수 있었고, 실제로 그렇게 했다. 내가 이것을 아는 것은 바로 다음 장에 그녀의 말이 기록되어 있기 때문이다. 우리는 그 말에서 배우고, 세상이 모르는 현실을 받아들이기 위해 애써야 한다. 한나는 다음과 같이 기도했다.

여호와와 같이 거룩하신 이가 없으시니 이는 주밖에 다른 이가 없고 우리 하나님 같은 반석도 없으심이니이다 심히 교만한 말을 다시 하지 말 것이며 오만한 말을 너희의 입에서 내지 말지어다 여호와는 지식의 하나님이시라 행동을 달아 보시느니라 용사의 활은 꺾이고 넘어진 자는 힘으로 띠를 띠도다 풍족하던 자들은 양식을 위하여 품을 팔고 주리던 자들은 다시 주리지 아니하도다 전에 임신하지 못하던 자는 일곱을 낳았고 많은 자녀를 둔 자는 쇠약하도다 여호와는 죽이기도 하시고 살리기도 하시며 스올에 내리게도 하시고 거기에서 올리기도 하시는도다 여호와는 가난하게도 하시고 부하게도 하시며 낮추기도 하시고 높이기도 하시는도다 가난한 자를 진토에서 일으키시며 빈궁한 자를 거름더미에서 올리사 귀족들과 함께 앉게 하시며 영광의 자리를 차지하게 하시는도다(삼상 2:2-8).

5장
시기에 반격하는 법, 평가

 백 년 전 그는 전성기를 누렸다. 그는 전 세계 헤비급 권투 챔피언이었다. 그의 이름은 잭 뎀프시(Jack Dempsey)였다. 그는 1920년대 모두가 존경하면서 두려워한 유명 인사였다. 큰 몸집에 강력한 챔피언이었던 그는 자신의 전술을 한마디로 요약했고, 이 말은 곧 당대의 명언이 되었다. 아마 당신도 이 말을 한 적이 있을 것이다. 그가 한 유명한 말은 "최선의 방어는 좋은 공격이다!"[24]이다.
 뎀프시는 링 위에 수백 번 오를 때마다 그저 펀치나 다운을 피하려고만 하지 않았다. 그의 초점은 상대편을 공격해서 그의 위협을 무력화할 결정타를 날리는 것이었다. 그의 세계적인 명성으로 인해 그의 고향인 콜로라도주 마내사의 주민들은 그를 자랑스러워했다. 그는 프로 통산 68승을 거두고 그중 53번을 KO로 이기면서 '마내사의 주먹'이라는 별명을 얻었다.

지금까지 우리는 그리스도인의 삶을 방해하는 무서운 적 하나를 탐구해왔다. 이것은 우리의 관계와 교회, 일터, 심지어 문화 전체를 오염한 무시무시한 적이다. 이 적에게 당한 마음속에는 극심한 불만과 의심, 분노가 쌓여 있다. 이 적이 우정을 깨뜨리고 교회를 분열시키고 모든 종류의 관계를 파괴하는 바람에 희생자가 그야말로 거대한 산을 이루고 있다.

다음 세 장에 걸쳐서, 시기라는 적에 어떻게 성경적으로 방어할 수 있는지를 살펴볼 것이다. 하지만 그저 시기의 무차별 유혹 속에서 살아남기만 바라며 고개를 땅에 처박고 있지는 않을 것이다. 뎀프시처럼 최상의 방어, 곧 성경적인 반격을 시도할 것이다. 우리의 경건함과 기쁨, 만족을 공격하는 이 적을 무찌르기 위해서는 공격을 해야 한다. 그리고 공격은 어디를 때려야 할지를 아는 데서 시작한다. 하지만 먼저 시기의 뿌리로 돌아가 몇 가지 중요한 구분을 해야 한다. 그래야 우리가 언제 공격받는지 정확히 알 수 있다.

누룩을 조심하라

심지어 본디오 빌라도도 바리새인들이 예수님을 시기하는 줄 알았다. 급기야 창세기 4장에 기록된 가인의 살인을 떠올리게 하는 사건이 벌어졌다. 이 유대 지도자들은 로마와 작당하여 살인을 저질렀다. 나날이 큰 명성을 얻어가는 그리스도에 대한 그들의 분노는 미움으로 발전했다. 그래서 이 '종교'교사들은 그 미움 때문에 그리스도를 죽이는 일을 공모했다. 나사렛에서 온 뜨내기 랍비가 자신들의 스포트라이트를 빼앗아 가자 그들은 불같은 미움에 휩싸였다.

예수님은 바리새인과 사두개인의 이기적인 욕망을 쉽게 간파하실 수 있었다. 그분은 그들이 스스로 높아지려는 마음과 극심한 교만으로 인해 어떤 상황에서도 스포트라이트를 차지하기를 원한다는 사실을 아셨다. 그들은 군중의 관심과 환호를 원했다. 그들이 연회에서 어떤 자리를 차지하고 어떤 옷차림을 했는지, 심지어 어떤 말을 하고 남들 앞에서 어떤 기도를 했는지를 봐도 이 점이 분명히 드러난다(막 12:39, 마 6:5, 23:5). 이런 이기적인 태도가 나라 리더들의 가르침을 더럽히고 있다 보니 예수님은 제자들에게 이렇게 말씀하셨다. "삼가 바리새인과 사두개인들의 누룩을 주의하라"(마 16:6).

예수님은 그들의 자기중심적인 욕심이 온갖 죄의 뿌리라는 점을 아셨다. 심지어 그분의 처형을 공모하게 만든 시기라는 음험한 죄도 이 욕심에서 비롯했다(마 27:18). 이 '누룩'을 그냥 두면, 필연적으로 그것은 인간 마음의 모든 측면으로 들어와 경쟁심과 적대감으로 부풀어 오른다. 이 경쟁심과 적대감은 다름 아닌 시기다.

나는 빵을 직접 구워본 적이 없다. 그래서 빵을 굽는 일에 관해 주워들은 정보밖에 없다. 빵을 굽는 사람들은 누룩 빵을 만들기 위한 발효제인 누룩에 관해 이야기한다. 맛있는 빵을 끝없이 만들어내는 이 작은 세균 첨가물의 작용은 실로 놀랍다. 이 정보만으로도 누룩이 왜 우리 삶 전체, 우리 교회, 우리 사회에 끝없이 영향을 미치는 지극히 작은 것의 힘에 관한 완벽한 비유가 되는지를 알 수 있었다.

또 출애굽기에는 하나님이 이스라엘 백성을 애굽의 종살이에서 구해내신 사건을 매년 기념하라는 명령이 나오는데, 하나님이 매년 한 주 동안 집에서 누룩을 전혀 사용하지 말라고 지시하셨다는 사실이 흥미롭다. 그 기간에는 모든 것을 '누룩 없이 만들어야 했다. 그뿐만 아니라 누룩을 찬장과 주방, 집에서 아예 없애야 했다(출 12:14-20). 그 어디에도 누룩이 없어야 했다. 빵에 누룩을 넣지 않는 것은 이스라엘 백성이 애굽에서 급히 빠져나온 사건을 기념하는 행위였지만(33-34절), 거기에는 더 깊은 의미가 있었다. 그들은 누룩 이상의 것을 버려야 했다. 그들은 '거룩해야' 했다. 자신들이 떠나온 사회와 도덕적으로 달라야 했다. 이전 삶 속에 가득했던 것들 없이 살아야 했다. 그런 의미에서 예수님은 사소해 보이는 악한 가치들이 틈을 주면 사람의 마음을 지배하게 된다는 점을 지적하셨다.

　디도서 3장 3절에서 하나님은 바울을 사용하셔서 우리가 예수님을 믿기 이전 삶의 것들을 없애야 한다고 가르치신다. "우리도 전에는 어리석은 자요 순종하지 아니한 자요 속은 자요 여러 가지 정욕과 행락에 종노릇한 자요 악독과 투기를 일삼은 자요 가증스러운 자요 피차 미워한 자였으나." 그리스도인의 삶 속에서 매일의 전투는 문제를 확인함으로써 시작된다.

무엇을 탐내지 말아야 하는가?

하나님은 이스라엘 백성에게 일주일간 삶에서 누룩을 완전히 제거하라는 명령을 내리시고 여덟 장 뒤에서, 그들을 주변 세상과 진정으로 구별하게 해줄 중요한 법들을 주셨다. 그들은 자신들의 사회와 도덕적인 삶을 열 가지 핵심 명령에 정렬시키면 거룩하게 구별된 백성이 될 수 있었다. 이 신생 나라는 그 명령을 지켜야 했다. 여기서 물론 그 명령은 바로 십계명이며, 십계명의 마지막 명령은 시기의 문제와 큰 관련이 있는 금령이다. 사실, 우리가 먼저 열 번째 계명을 어기지 않고서는 시기에 빠질 수 없다. 그 명령은 '탐내지 말라'로 시작한다(출 20:17).

단순히 '이것을 하지 말라, 저것을 하지 말라'로 이루어진 다른 명령들과 달리, 열 번째 명령은 '하지 말라'에서 계속해서 이어진다. 그 이전의 금령들은 매우 간단하다. "살인하지 말라." "간음하지 말라." "도둑질하지 말라"(13-15절). 이 금령들은 모두 짧게 요지만 담고 있다. 그런데 왜 열 번째 명령은 그냥 거기서 끝나지 않는가? 그것은 그럴 수 없기 때문이다. 거기서 끝나면 이 명령을 처음 받은 사람들은 큰 혼란에 빠질 수밖에 없다.

구약 출애굽기 20장 17절에서 '탐내다'로 번역된 히브리어 원어(번역본에서 주로 악한 죄를 지칭하는 동사)는 좋고 적절한 행위를 가리킬 때 자주 사용된다. 이 단어는 '하마드'(hamad)다. 이 단어는 창세기 2장 9절에서 좋은 것을 지칭하는 단어로 처음 나타난다. 그 구절에서 이 단어는 좋은 의미에서 "아름답고"로 번역되었다. 이 단어는 에덴동산에서 아담과 하와에게 식량이 되는 "아름답고… 좋은"(완벽히 허용되는) 각종 과수에 사용되었다. 또 이것은 우리가 배고픈 상태로 추수감사절 식탁으로 가서 먹음직스러운 음식을 봤을 때 느낌을 묘사한다. 초대받지 않은 파티에 난입하지 않는 이상, 신앙심이 더없이 깊은 사람도 죄책감이나 수치심 없이 그런 느낌을 즐길 것이다. 이 욕구는 좋은 것이다. 우리가 이런 욕구를 채우고 그 느낌을 즐기는 것은 하나님의 뜻이다(딤전 4:3-4).

여기서 내가 추수감사절 예를 든 것은 히브리어 '하마드'가 그냥 평범한 욕구 이상을 의미한다는 점을 강조하기 위해서다. 이것은 뭔가를 '정말 원하는' 것, 심지어 '간절히 원하는' 것이다. 이 단어는 히브리어 구약에 21번 나오는데, 절반 정도가 긍정적인 의미로 사용되었다. 신약에 등장하는 헬라어 단어인 '에피투미아'(epithumia)에 관해서도 생각해보자. 이 단어는 주로 '정욕'으로 번역되며, 부정적인 의미를 함축한다. 예를 들어, 성경은 "하나님을 모르는 이방인과 같이 색욕을 따르지 말고"(살전 4:5) 성적 충동을 절제하여 거룩해지라고 명령한다. 하지만 뜻밖에도 이 헬라어 단어 '에피투미아'는 좋은 의미로도 사용된다. 예를 들어, 바울은 디모데에게 쓴 편지에서 에베소의 목사 후보들에 관해서 이렇게 말한다. "사람이 감독의 직분을 얻으려 함은 선한 일을 사모하는(에피투미아) 것이라 함이로다"(딤전 3:1). 여기서 역본은 '정욕'이란 단어가 아니라 "사모"라는 단어를 사용한다. 따라서 구약과 신약 모두에서 이 단어는 강한 끌림이나 갈망을 함축하면서도, 나쁘고 악한 것만이 아니라 좋고 의로운 것도 지칭하고 있다.

히브리어 '하마드'는 구약에서 주로 좋고 적절한 의미로 사용되었기에, 하나님이 출애굽기 20장에서 열 번째 계명을 다른 계명들처럼 짧게 마무리하지 않으신 이유를 이해할 수 있다. "탐내지(하마드) 말라"는 혼란을 일으킬 수 있다. 이것은 '강하게 원하지 말라'는 말과도 같다. 우리가 남은 평생 목석처럼 살려고 한다고 해보자. 굶주림을 느끼면서도 느끼지 않는 척하거나 고귀한 일을 하기를 원하면서도 원하지 않는 척한다고 해보자. 하지만 그렇게 하는 것은 성경의 나머지 부분과 맞지 않는다. 그래서 하나님은 히브리어 사용자들이 혼동하지 않도록 분명하게 말씀하신다.

네 이웃의 집을 탐내지 말라 네 이웃의 아내나 그의 남종이나 그의 여종이나 그의 소나 그의 나귀나 무릇 네 이웃의 소유를 탐내지 말라(출 20:17).

강조점이 보이는가? 조건이 눈에 들어오는가? 강한 욕구 자체가 문제가 아니다. 문제는 다른 사람이 이미 합당하게 소유하고 있는 것들을 강하게 갈망하는 것이다. 그것들은 다른 사람의 관계와 자원과 재물이다. 즉, 다른 사람에게 속한 것이다. 그것들을 강하게 원하는 것은 다른 사람에게 이미 속한 것을 탐내는 것이다.

혹시 이런 생각을 하고 있는가? '그렇다면 이 명령은 도둑질이나 간음에 빠지게 만드는 마음의 동기를 경계하신 명령처럼 들린다.' 물론 그렇다. 하지만 그렇더라도 이 금령은 다른 명령과 구분된다. 이 무분별한 공상과 욕망은 '저들'이 가지고 우리는 갖지 못한 것을 곱씹어 시기의 우울한 소용돌이에 빠지게 만들고, 우리보다 월등히 좋은 삶과 복을 누리는 이웃과 친구와 형제들에게 분노를 끓이게 하기 때문이다.

욕망을 부추기는 세상

시기심에 빠진 불신의 세상은 강한 갈망을 오히려 자랑하기를 부끄러워하지 않는다. 심지어 세상은 무분별한 갈망을 분출하도록 사람들을 부추긴다. 여기서 무분별한 것이 문제다. 세상이 온통 목적도 없이 무조건 만족만 추구하는 것은 성경적인 문제다. 무분별은 강한 갈망을 느끼는 것을 죄의 문제로 만드는 요인이다.

앞서 말했듯이, 히브리어 단어 '하마드'가 처음 사용된 것은 하나님이 새롭게 창조하신 부부를 위해 동산에 두신 탐스러운 나무들을 묘사하실 때다. 하나님은 그들이 굶주릴 줄 아셨고, 때로는 지독히 굶주릴 줄 아셨다. 또 때로는 아사 직전에 이를 수도 있다는 것을 아셨다. 그래서 하나님은 적절한 대처 방안을 마련하셨다. 그것은 욕구를 적절히 해결할 수 있는 탐스러운 나무들이었다. 하지만 알다시피, 하와의 눈은 엉뚱하게도 동산 안의 다른 나무로 향했다. 그것은 한계 밖에 있는 나무였다. 하나님은 그 한 그루의 나무에 대해 이렇게 말씀하셨다. "네가 먹는 날에는 반드시 죽으리라"(창 2:17). 히브리어 '하마드'가 두 번째로 사용된 것이 시험 중에 있는 하와의 마음을 묘사할 때라는 점이 흥미롭지 않은가? 성경은 하와가 그 열매의 아름다움과 사탄의 거짓말에 완전히 넘어가, 그 금단의 나무가 "지혜롭게 할 만큼 탐스럽기도(하마드)"(창 3:6) 했다고 말한다. 그것은 '탐스러운' 나무였다. 그 나무는 강한 갈망을 불러일으켰다. 유혹하는 나무가 있는 동산에서 살 때 아담과 하와의 과제는 강한 갈망의 적절한 대상과 적절하지 못한 대상을 올바로 구분하는 것이었다.

그 뒤로 세상은 하와의 무분별한 갈망을 모든 사람의 기본 권리인 것처럼 포장하려고 노력했다. 우리 주변의 모든 문화는 우리가 무엇을 갈망하든, 그 욕망은 신성하다고 설파한다. 그리고 그 갈망을 어떻게 해소할지는 거의 논의하지 않는다. "그냥 좋으면 해"라고 말한다. 가치는 이렇게 변했다. "가장 중요한 것은 뭐든 원하는 것을 언제 어디서나 마음대로 추구할 자유다."

신약은 이것이 얼마나 어리석은 짓인지를 말해준다.

이 세상이나 세상에 있는 것들을 사랑하지 말라 누구든지 세상을 사랑하면 아버지의 사랑이 그 안에 있지 아니하니 이는 세상에 있는 모든 것이 육신의 정욕과 안목의 정욕과 이생의 자랑이니 다 아버지께로부터 온 것이 아니요 세상으로부터 온 것이라 이 세상도, 그 정욕도 지나가되 오직 하나님의 뜻을 행하는 자는 영원히 거하느니라(요일 2:15-17).

탐내지 말라는 구약의 명령과 마찬가지로, 여기서 무엇을 금하고 무엇을 금하지 않는지를 신중히 따져볼 필요가 있다. 당신이 내게 "세상의 아무것도 사랑하지 마라!"라고 충고한다면 나는 이렇게 말할 것이다. "그럴 수 없다. 세상에는 우리 어머니와 내 아내가 있다. 세상에는 우리 교회가 있다. 세상에는 내 성경책도 있다!" 그러면 당신은 이렇게 말할지도 모른다. "음, '그런' 것을 말한 것은 아니었다." 그렇다. 그런 것을 사랑하지 않아서는 안 된다. 사실, 하나님은 이 세상에 있는 많은 것을 사랑하라고 명령하셨다. 첫 번째 문장은 그 뒤의 내용을 근거로 한다. 세상이 보여주는 사랑, 세상의 헌신과 충성과 우선 사항, 세상이 추구하는 갈망이 다 잘못된 이유는 무분별하기 때문이다. 세상은 육신의 정욕과 안목의 정욕과 이생의 자랑을 무분별하게 추구한다.

인간은 많은 갈망을 품고 있다. 어떤 갈망은 적절하고, 어떤 갈망은 적정한 한도에서 벗어나 있다. 첫째, '뭐든 내 육신의 정욕이 원하는 것은 무조건 가질 거야'라고 말하는 종류의 사랑과 욕망과 욕구가 있다. 다시 말하지만, 이것은 뭐든 육신이 강하게 원하는 것을 무분별하게 닥치는 대로 추구하는 것이다. 이것은 분명 적정한 한도에서 벗어난 갈망이다. 둘째, 우리의 눈은 하와의 눈처럼 많은 것에 끌린다. 하지만 우리의 눈과 생각, 상상력을 자극하고 유혹하는 모든 것이 꼭 적절한 것은 아니다. '좋아 보이면 가져!'라는 것은 무분별한 마음가짐이다. 셋째, 가장 근본적인 문제는 이생의 자랑이다. 이것은 우리가 이웃의 것인지 아닌지를 따지지 않는 이유를 보여준다. 그것은 '나 자신'만 생각하기 때문이다! 하와는 금단의 열매가 '자신'에게 좋아 보이고, '자신'을 만족하게 해줄 것처럼 보며, '자신'을 지혜롭게 해주리라고 확신했기에 적정한 한도에서 벗어난 갈망을 추구했다. 자기중심적이고 자기만족적이며 자신만을 높이려는 하와의 태도는 지금 우리가 사는 세상의 태도와 매우 비슷하다. 진짜 위험은 우리 현재 사회가 끝없이 많은 선택을 제시한다는 것이다. 그래서 우리는 뭐든 육체가 원하는 것이나 매력적으로 보이는 것, 자신을 만족하게 해줄 것을 추구할 수 있다. 적정한 한계가 없다. 현대 문화의 놀이공원에는 경계나 울타리나 제한 구역이 없다.

자신의 갈망을 순찰하라

우리 아버지는 롱비치에서 경찰관으로 근무했다. 내가 어릴 적에 경찰복을 입은 아버지를 보면, 잭 뎀프시가 경찰복을 입으면 이런 모습이 아닐지 상상하게 될 정도였다. 우리 아버지는 위압감이 느껴질 정도로 풍채가 좋았다. 아버지가 경찰봉을 빙빙 돌리며 도심 지역을 거닐면 주변이 평온했다. 여느 경찰관처럼 아버지의 임무는 그런 무기를 휘두르는 것이 아니라 순찰 구역을 돌아다니면서 자기 모습을 보여주는 것이었다. 그러면 사람들은 언제라도 아버지가 무기를 사용하여 법을 집행할 수 있다는 사실을 생각하며 조심했다. 당신이 이런 식으로 당신 마음 곳곳을 순찰하며 무슨 일이 벌어지는지를 살피기를 원한다.

하나님이 당신에게 자신을 객관적으로 살필 힘을 주시기를 바란다. 당신이 성령의 도우심으로 삶 속의 모든 강한 갈망을 점검할 수 있기를 바란다. 마치 당신이 법을 집행하기 위해 권총을 지니고 다니는 것처럼, 진지하게 이 작업을 하기를 바란다. 그렇게 하면 당신이 발견할 수 있는 것들을 다음과 같이 할 수 있기 때문이다.

그러므로 땅에 있는 지체를 죽이라 곧 음란과 부정과 사욕과 악한 정욕과 탐심이니(골 3:5).

내가 내 몸을 쳐 복종하게 함은 내가 남에게 전파한 후에 자신이 도리어 버림을 당할까 두려워함이로다(고전 9:27).

너희 육신이 연약하므로 내가 사람의 예대로 말하노니 전에 너희가 너희 지체를 부정과 불법에 내주어 불법에 이른 것같이 이제는 너희 지체를 의에게 종으로 내주어 거룩함에 이르라(롬 6:19).

자, 당신이 발견한 것에 대해서 고통스러운 영적 작업을 해야 할지도 모른다는 사실을 염두에 두고서, 당신의 마음속을 천천히 그리고 철저히 순찰하라. 모든 문을 열어서 보고, 모든 커튼 뒤를 들춰서 보고, 모든 구석에 전등을 비춰서 보라.

당신이 찾아야 하는 것은 당신이 진정으로 원하고 갈망하는 것들이다. 자꾸만 생각나는 것들을 다 살펴볼 때까지 철저히 조사하라. 수시로 공상하는 것들을 항목별로 나누어서 분석하라. 심장박동을 빨라지게 하고 눈을 똥그랗게 떠서 관심을 집중하게 만드는 사람이나 장소, 물건을 다 조사하라.

이제 그 갈망들을 두 상자에 넣자. 하나는 '진압'이라고 쓰인 상자이고, 다른 하나는 '유지'라고 쓰인 상자다. 이때 무의식적인 합리화를 조심해야 한다. 탐심에 수반되는 무의식적인 합리화는 평가에 영향을 미치기 때문이다. 계속해서 일어나는 갈망들을 하나씩 자세히 살펴보면서 다음과 같은 질문을 던지라.

1. 이 특정한 대상이나 경험이 하나님의 말씀에서 금한 것인가?
2. 내가 이것이나 이 사람을 원하는 것이 합당하고 경건한 것인가?
3. 이 갈망을 충족하려는 것이 자신을 높이고 스스로 찬사를 받고 이기적인 야망을 채우기 위해서인가?

이 외에도 많은 질문을 제시할 수 있지만, 성경 전체의 지혜로운 가르침을 요약한 이 질문만으로도 우리의 갈망들을 두 상자로 분류할 만하다. 이제 무엇을 해야 할지 알 것이다. 이제 '진압' 상자에 있는 것들을 철저히 진압해야 할 차례다. 골로새서 3장 5절의 명령("죽이라")을 다시 읽어보라. 이것들을 굶겨 죽이라. 질식사하게 하라. 공격하라. 이것들과의 전쟁을 선포하라. 그렇게 하지 않으면 자기 내면의 무분별한 갈망을 추구하고, 남들도 그렇게 하도록 돕고 부추겼던 신약의 거짓 교사들과 같아지기 때문이다. 냉엄한 진실을 말하자면 "이 같은 자들은 우리 주 그리스도를 섬기지 아니하고 다만 자기들의 배만 섬기나니"(롬 16:18). 가혹한 말처럼 들리지만 이 정도는 아무것도 아니다. 성경은 계속해서 이렇게 말한다. "그들의 마침은 멸망이요 그들의 신은 배요 그 영광은 그들의 부끄러움에 있고 땅의 일을 생각하는 자라"(빌 3:19).

우리의 갈망들을 점검해서 악한 정욕을 죽이는 일은 때로 두더지 잡기처럼 우리에게 좌절감을 안겨줄 수 있다. 다들 두더지 잡기를 한 번쯤은 해봤을 것이다. 두더지를 잡아 점수를 냈다고 생각하는 순간, 녀석의 사촌 중 한 명이 다른 쪽 구멍에서 튀어나온다. 우리의 마음에는 많은 구멍이 있다. 악하고 강렬한 갈망들이 한 곳에서 튀어나왔다가 이내 다른 곳에서 튀어나올 수 있다. 따라서 우리는 계속해서 경계하며 민첩하게 움직여야 한다. 우리의 마음속을 살펴서 악한 갈망을 찾는 작업을 끊임없이 해야 한다. 우리 아버지가 순찰 구역을 하루에 한 번만 돌고서 퇴근할 수 없었던 것처럼, 우리는 같은 장소로 계속해서 다시 가보고, 영혼의 틈마다 계속해서 빛을 비추어봐야 한다.

집중적으로 추구하고 증폭시켜야 할 갈망들

좋은 소식은 당신이 갈망들을 두 상자에 분류해서 넣었다는 것이다. 당신의 '유지' 상자가 완전히 비지 않았기를 바란다. 하지만 그 상자가 '진압' 상자만큼 꽉 차지 않았더라도 그런 상황에서 할 수 있는 좋은 작업이 있다. 이 두 번째 작업을 하면 당신이 관심을 집중하고 있는 탐욕스러운 갈망들을 죽이는 동시에 '유지' 상자를 채울 수 있다.

그리스도인은 영원한 의미가 있는 것들을 갈망해야 한다. 우리가 가장 먼저, 가장 강하게 품어야 할 갈망은 영원하신 분을 알려는 갈망이다. 바울은 이 궁극적인 갈망이 다른 갈망들을 가장자리로 밀어내게 해야 한다고 말한다. "모든 것을 해로 여김은 내 주 그리스도 예수를 아는 지식이 가장 고상하기 때문이라"(빌 3:8). '가장 고상한' 갈망이 있다. 이 갈망을 키우고 매일 우선시하면 다른 하찮은 갈망들이 주변으로 밀려나기 시작한다. 우리보다 한두 수 앞선 시편 42편의 저자는 다음과 같은 시를 통해 자신의 강한 갈망을 묘사했다. "하나님이여 사슴이 시냇물을 찾기에 갈급함같이 내 영혼이 주를 찾기에 갈급하니이다 내 영혼이 하나님 곧 살아 계시는 하나님을 갈망하나니"(시 42:1-2). 그런데 그가 그 외에 어떤 작은 것들을 갈망했을까? 그의 안에도 적정한 한도에서 벗어난 모든 갈망이 있었다.

가장 귀한 갈망을 우선시해서 그것을 집중적으로 추구하고 증폭시키면 예레미야 9장 23-24절이 우리의 죄를 깨우치는 말씀만이 아니라 우리 삶에 대한 묘사가 될 수 있다!

> 지혜로운 자는 그의 지혜를 자랑하지 말라 용사는 그의 용맹을 자랑하지 말라 부자는 그의 부함을 자랑하지 말라 자랑하는 자는 이것으로 자랑할지니 곧 명철하여 나를 아는 것과 나 여호와는 사랑과 정의와 공의를 땅에 행하는 자인 줄 깨닫는 것이라 나는 이 일을 기뻐하노라 여호와의 말씀이니라(렘 9:23-24).

우리는 이런 것을 자랑하지 않을 뿐 아니라 이런 것을 추구하면서 우리보다 지혜나 힘, 재물이 많은 사람을 시기하며 분노하지 말아야 한다.

그런데 마지막 대목을 눈여겨봤는가? 이것은 하나

님이 원하시는 것이다. 이것은 하나님이 기뻐하시는 것이다. 그리고 이것은 우리에게 좋은 것이다. 하나님이 원하시는 대로 하면 우리에게 좋다. 맞아서 온몸이 욱신거리고 폭도에게 모함을 받아 감옥에 갇혀도 만족한 미소를 지으며 밤늦게까지 찬양할 수 있다. 인생의 쓴맛을 안겨주는 상황이나 실패 앞에서도 찬양할 수 있다(행 16:22-25).

경건한 야망들

하나님을 알고 이해하기를 갈망하는 사람이라고 해서 한 가지 야망만 품고 있지는 않다. 그의 마음속에는 수많은 다른 경건한 열정이 있다. 이것은 모두 관련되어 있지만 각기 다른 목표와 목적을 겨냥한다.

그리스도를 아는 것의 가치에 비해 다른 모든 갈망을 '아무것도 아닌 것'으로 여겼던 바울은 주중에 일을 시작할 때 인생의 다른 모든 갈망을 가장 중요한 갈망 아래로 두었다. 그는 장막을 만들고 여행하며 설교하는 바쁜 일정 속에서 이렇게 선포했다. "내가 달려갈 길과 주 예수께 받은 사명 곧 하나님의 은혜의 복음을 증언하는 일을 마치려 함에는 나의 생명조차 조금도 귀한 것으로 여기지 아니하노라"(행 20:24).

보다시피 그는 자기 생명을 조금도 귀한 것으로 여기지 않았다. 단, 우리가 그에게 "바울, 당신의 생명은 우리에게 너무도 값진 것입니다"라고 일깨워줄 필요는 없다. 바울은 이 점에 관해서 잘 알았고, 여러 친구에게도 그렇게 이야기했다(빌 1:25-30 참고). 하지만 그는 자기 생명이 남들에게 유익한 줄 알되, 자아실현에는 전혀 관심이 없었다. 그는 인생의 즐거운 것들을 모두 부여잡으려고 애쓰지 않았다. 그가 열심히 텐트를 만들어 먹고산 것은 이 세상에서 평생 그리스도의 증인으로 섬기기 위해서였다. 그가 여행한 것은 여느 사람이 여행한 것과 같은 이유에서가 아니었다. 그는 지중해의 아름다운 석양에 취하기 위해 '산' 것이 아니었다(물론 그곳의 석양을 즐기기도 했겠지만). 그의 인생 목표는 하나님이 그를 통해 이루시려는 이 세상의 모든 선을 완성하는 것이었다. 그의 경건한 야망은 하나님이 부르신 일, 곧 선교의 사명을 감당하는 것이었다.

사도행전에서 바울의 삶을 읽어보고 그의 서간문에서 그가 어떤 사람이었는지를 엿보면, 그가 탁월함을 열심히 추구하고 자기 일을 누구보다도 잘했다는 것을 알 수 있다. 단, 그의 동기는 여느 사람과 사뭇 달랐다. 그는 그리스도를 섬기고 복음을 전하며 하나님께 영광을 돌리는 일을 경건한 포부로 삼았다. 그는 모든 면에서 자기 창조주를 영화롭게 하고자 했다.

자신이 이미 가진 것을 갈망하라

그렇다고 해서 하나님이 바울에게 원하는 모든 것을 주신 것은 아니었다. 바울은 분명 하나님이 주지 않으신 많은 것을 원했을 것이다. 아마, 강하게 원했을 것이다. 그의 삶에는 건강 문제, 좌절된 사역, 깨진 관계, 진정으로 원했고 그 이유도 합당했지만 결국 닫혀버린 기회의 문들이 있었다. 그것들이 성경적이고 의로우며 하나님을 영화롭게 하는 것이니, 당연히 그 좋고 경건한 것들을 집요하게 부여잡을 수도 있었다. 당신이 '유지' 상자 속에 있는 것들을 고집스럽게 부여잡고 있는 것처럼 말이다.

시기에 반격하기 위한 첫 단계는 적정한 한도에서 벗어난 정욕을 뿌리 뽑고 그것에서 등을 돌리는 것이다. 하지만 여기서 끝이 아니다. 주권적인 하나님이 우리가 원해도 되는 것 중 일부를 집어서 밖으로 던지실 수도 있다. 그러면 우리로서는 아플 수밖에 없다. 우리가 기도하고 추구하며 원했던 것이기에 아프다. 그것은 결혼해서 자식을 갖는 것처럼 좋은 것일 수 있다. 그것은 젊은 시절에 얻은 아내와 해로하는 일처럼 합당한 것일 수 있다. 그것은 집을 사서 사역을 위해 사용하는 것처럼 좋고 아름다운 것일 수 있다. 또 신학교를 졸업해서 교회에서 목회하는 것처럼 선한 것일 수도 있다. 더 예를 들 수 있지만, 무슨 말인지 충분히 이해할 수 있으리라고 생각한다.

  이런 갈망 중에서 우리가 부지런히 추구하지만, 문이 닫히고 하나님이 "인제 그만!"이라고 말씀하신 것들이 있다. 바울의 삶에서 그가 얼마나 기민했는지를 보면 도움이 된다. 그는 재빨리 "좋습니다. 그 대신 이것을 하고, 저곳으로 가겠습니다!"라고 대답했다. 그의 삶에서 자주 언급되는 장면은 그가 육체적인 질병을 없애달라고 "주께 간구"한 장면이다(고후 12:8). 그때도 그는 재빠른 모습을 보였다. 내가 그 장면을 읽을 때마다 답답하게 생각하는 것은 그가 '겨우' '세 번'밖에 간구하지 않았다는 것이다. 많이 아파본 나로서는 바울이 아픈 몸에 관해 하나님께

세 번밖에 구하지 않았다는 것이 정말 특이한 일이다.

분명 바울은 끈질긴 기도에 관한 그리스도의 가르침을 알았을 것이다. 하지만 실망스러운 일을 마주할 때 그는 자신이 원하는 것들에 대한 가치 판단을 바꾸었다. 그리고 자신이 이미 가진 것을 원하기로 결심했다. 그는 부차적인 갈망들에 대해 철저히 하나님의 '허락' 여부를 따랐다. 육체적 건강은 모든 이가 가치 있게 여기는 것 중 하나며, 건강을 바라는 것은 지극히 합당한 갈망이다. 하지만 바울은 더는 그것을 갈망하지 않았다. 그는 하나님의 거절을 받아들이고 그에 따라 자기 갈망을 조정하는 법을 알았다. 그는 자신이 가장 갈망하는 분을 위해서 그분이 주권적으로 주신 것을 갈망하기로 선택했다. 그것은 하나님이 자신의 삶 속에서 약속하셨고, 계속해서 주시는 은혜가 충분하며, 자신이 경주를 완주할 때까지 그 은혜가 계속 찾아올 줄 알았기 때문이다. 하나님이 그의 '유지' 상자에서 특정한 갈망을 꺼내 "이것은 유지하지 않기로 하자"라고 말씀하실 때 그가 그분의 처분을 받아들이기까지는 오랜 시간이 걸리지 않았다.

일상의 삶과 관계, 경력에 관한 바울의 갈망은 하나님을 알고 사랑하려는 가장 중요한 갈망과 분명 연결되어 있었다. 그런데도 그는 부차적인 갈망을 우상으로 삼지 않기로 했다. 그는 불의한 갈망만이 아니라 의로운 갈망도 우리를 탐욕과 시기로 몰아갈 수 있다는 점을 알았다. 우리도 그것을 알아야 한다. 효과적인 방어와 반격을 위해 우리가 해야 할 일은 우리 마음속에서 벌어지는 일들을 계속해서 점검하는 것이다.

6장

시기에 반격하는 법, 사랑

하갈이 어린 아들 이스마엘을 품에 안자 사라는 (예수님이 사용하실 법한 표현을 빌리자면) 그 모녀를 악하게 봤다. 사라가 엄마가 된 하갈을 흘겨보며 인상을 쓰는 모습에서 내면의 시기심이 드러났다. 창세기 16장 4-5절에서 사라는 하갈이 "나를 멸시[한다고]" 말했다.

이스라엘 군대의 총사령관 사울은 사람들이 다윗이라는 떠오르는 젊은 용사를 찬양한다는 소식을 듣고 인상을 찌그러뜨리며 다윗을 노려보았다. 그것은 그의 마음속에 시기가 뿌리를 내렸다는 증거다. "사울이…심히 노하여…그날 후로…다윗을 주목하였더라"(삼상 18:8-9).

아이가 생기는 것은 좋은 일이다. 직업 영역에서 능

력을 발휘하여 성공하는 것은 복이다. 하지만 우리가 갈망하는 기쁨과 선물이 바로 우리 앞에 있는 사람에게 주어지면 시기로 인해 우리는 제대로 보지 못할 때가 많다. 시기는 단순히 남이 가진 것을 가지려는 욕구 이상이다. 그것은 속으로 분노를 끓이며, 그가 가진 것을 빼앗기고 심지어 상처 입기를 은근히 바라는 것이다. 우리는 이 기적이고 경쟁적인 갈망으로 인해 경쟁자들이 복을 받는 꼴을 보지 못한다. 옛 교회의 한 리더는 이렇게 말했다. "시기하는 사람은 자기 고통에 대해서 오직 한 가지 치료제를 찾는다. 그 치료제는 자신이 시기하는 사람이 불행해지는 것이다."[25]

우리는 모두 하나님이 피조물에게 다양한 복을 주권적으로 나눠주신다는 점을 알고 있다. 거대하고 징그러운 바퀴벌레와 위풍당당한 아라비아 말을 보면 이 점을 분명히 알 수 있다. (물론 곤충 애호가는 모든 종의 곤충에 하나님이 주신 중요한 역할과 아름다움이 있다고 말할 것이다. 하지만 솔직히 열다섯 살짜리 여자아이에게 바퀴벌레가 득실거리는 사육장과 말 중에서 무엇을 부모에게 생일 선물로 받고 싶으냐고 물어보면 백이면 백, 말이라고 대답할 것이다.) 우리 문화는 모두의 감정을 보호한다는 명목으로 하나님이 사람들에게 주시는 복의 다양성을 부정하곤 한다. 하지만 현실은 부정할 수 없다. 우리는 모두 아무리 아닌 척해도 재능이나 지능, 아름다움, 태도, 힘, 기술 따위를 남들보다 많이 받은 사람이 있고 적게 받은 사람이 있다는 것을 내심 알고 있다.

그렇게 많이 받거나 많이 성취하는 사람이 우리와 매일 부대끼며 사는 사람일 때, 즉 친구와 가족을 비롯하여 우리가 사랑한다고 말하는 사람일 때 문제가 발생한다. 이번에도 고대 사상가들은 이 문제를 알고 있었다. "시기심이 일어나고 씁쓸하다. 내 친구들의 재능이 나를 괴롭게 만든다. 내 형제의 행복에 기분이 나쁘다."[26] 이 묘사에서 논리적인 모순을 생각해보라. 친구와 괴로움. 형제와 기분 나쁨. 이 비합리적인 조합은 뭔가 단단히 문제가 있다는 확실한 신호다. 그리고 그 문제는 바로 시기다! 감사하게도, 어렵지만 간단한 해법이 있다. 너무 간단해서 단 세 단어로 말할 수 있을 정도다. 하지만 동시에 제대로 설명하기 위해서는 몇 권의 책을 써야 할 만큼 어렵다. 자, 준비되었는가? 해법을 소개한다.

사랑은 시기하지 아니한다

고린도전서 13장 4절은 이렇게 말한다. "사랑은 …시기하지 아니하며." 이것이 세 단어로 이루어진 성경의 해법이다. 사실, 한 단어로도 말할 수 있다. 사랑하라! 단, 이것은 어디서나 흔히 들을 수 있는 말이지만 행하기가 말처럼 쉽지 않다. 특히 요즘 세상에서 말하는 사랑이 고린도전서 13장에 기술된 사랑과 몇 광년이나 동떨어져 있기 때문이다.

이 구절의 배경은 우리가 흔히 이 단어를 듣는 배경과 완전히 동떨어져 있다. 우리가 이 책에서 논하고 있는 주제와 관련해서는 바로 이 배경이 중요하다. 그러니 결혼식 피로연장의 냅킨에 쓰인 문구 따위는 잊어버리라. 그 대신 1세기 고린도 교회의 문제점과 하나님이 그 문제에 대한 해법으로 이 구절을 주셨다는 점에 관해서 생각해보자. 이 구절의 배경은 결혼식이 아니었다. 이 구절 이전에 바울은 고린도 교회의 분열과 파벌주의를 엄하게 꾸짖었다. 이 그리스도인들은 마치 불신자처럼 행동하고 있었다. 한 성경 공부 그룹은 "우리는 바울에게 속했다"라고 말하고, 다른 그룹은 "우리는 아볼로에게 속했다"라고 말했다. 또 다른 그룹은 "우리는 베드로에게 속했다"라고 말하고, 매우 영적인 다른 그룹은 "너희는 다 졌어. 우리 그룹은 그리스도께 속했어!"라고 말했다(고전 1:10-13, 3:1-4 참고).

이런 경쟁적인 태도는 질투와 교만, 이기주의, 분노, 시기 없이는 나타날 수 없다. 바울은 그들이 "서로 대적"했다고 말한다(고전 4:6). 그들은 서로 고발하여 법정으로 끌고 갔다(고전 6:6). 미혼자들은 결혼한 부부들을 대놓고 비하했다. 바울은 7장에서 이 문제를 다루어야 했다. 이 신자들은 자신의 자유를 교만하게 과시하고 어디서 장을 보는지를 놓고 서로 비난하면서 상대에게 죄를 짓고 있었다(고전 8:11-12). 바울은 그들이 교회 예배시간에 서로 무시하는 것에 관해서 지적해야 했다(11장). 또 그들이 누가 어떤 역할을 맡고 있는지와 누가 가장 중요한 은사를 받았는지를 놓고 은근히 혹은 노골적으로 라이벌 의식을 표출하는 것에 관해서도 훈계해야 했다(12장).

이 구절의 배경은 턱시도를 입은 신랑이 새 신부에게 달콤한 말을 하는 로맨틱한 상황과 거리가 멀다. 이 구절은 젊은 목사가 결혼식에서 읽기 위해 쓰인 것이 아니다. 원래 이 구절은 교회 안에서 벌어져 신자들의 마음을 오염하는 아귀다툼에 관한 해법으로 쓰인 것이다. '사랑'에 관한 이 구절은 우리가 이 책에서 다루어온 문제, 즉 고삐 풀린 시기에서 비롯한 문제에 관한 해법으로 쓰였다.

시기의 정반대

이 유명한 단락은 긍정문으로 시작한다. "사랑은 오래 참고 사랑은 온유하며." 이것들은 이 그리스도인들의 삶 속에서 턱없이 부족한 것이었다. 그런데 내가 볼 때 이 교인들을 오염하고 그리스도의 이름에 먹칠했던 모든 문제의 핵심적인 해법은 다음 구절, 즉 이 목록의 첫 번째 부정문에서 발견된다. 그 진술은 두 단어로 이루어져 있다. "시기하지 아니하며." 우리가 시기에 관해서 배운 것을 돌아보고 나서 이어지는 부정문을 읽어보라. "사랑은 자랑하지 아니하며 교만하지 아니하며 무례히 행하지 아니하며 자기의 유익을 구하지 아니하며 성내지 아니하며 악한 것을 생각하지 아니하며 불의를 기뻐하지 아니하며"(고전 13:4-6). 사랑이 하지 않는 이 여덟 가지가 모두 첫 번째(사랑은 시기하지 않는다)에서 비롯한다는 점을 보기는 어렵지 않다.

이 책에서 인용한 교회사 속의 리더들이 시기의 죄를 그토록 심각하게 여긴 것을 보면 뭔가를 깨달았던 것이 분명하다. 그들은 시기를 죽음에 이르는 일곱 가지 죄악 혹은 대죄로 불렀다. 시기는 그만큼 주된 문제요, 수많은 다른 죄가 나오는 원천이기 때문이다. 카르타고 주교 키프리아누스의 말을 다시 인용해보자. "시기는 만악의 뿌리요 재난의 샘이며 범죄의 온상이요 죄의 재료다."27) 고린도 교회, 더 나아가 오늘날 많은 교회에 만연한 문제들은 이 시기의 죄로 거슬러 올라갈 수 있다. 이것은 누구도 자신을 앞지를 수 없다고 자랑하는 교만한 기질이며, 남들이 자신을 능가하면 성을 내는 무례한 기질이다. 이것은 자기의 유익을 구하는 것이다. 이것은 시기의 대상이 잘못되면 기뻐하는 것이다.

시기에 빠진 사람은 동료, 친구, 형제자매, 이웃이라고 부르는 사람들을 경쟁자요 적으로 취급한다. 고린도전서 13장에서 하나님은 우리가 사랑하는 사람을 시기할 수 없다고 분명히 말씀하신다. 뒤집어서 말하면, 우리가 누군가를 시기한다면 그 사람을 사랑하지 않는 것이다. 잠시 당신 자신의 실제 삶과 관련해서 생각해보라. 위의 글을 읽으면서 머릿속에 떠오른 사람은 누구인가? 누구를 생각하면서 뉘우쳤는가? 지금까지 이 죄에 관해 이야기해왔으니 당신이 누구를 시기하고 있는지 분명히 알 것이다. 그들의 얼굴이 보이는가? 속으로 그들의 이름을 열거해보라. 좋다. 이제 진실을 말해주겠다. 당신은 그들을 사랑하지 않는다. 아무리 그들을 친구요 누이 혹은 팀원이나 형제라고 불러도 성경의 진단에 비추어 보면 그런 호칭은 무의미하다. 당신은 그들을 사랑하지 않는다. 하지만 사랑할 수 있고, 사랑해야 한다. 이런 시기의 감정과 분노를 쓰러뜨릴 결정적 공격은 바로 그들을 사랑하는 것이다. 그러기 위해서 꼭 따스한 애정의 감정이 생겨야 하는 것은 아니다. 사실, 사랑은 그런 따스한 애정의 감정이 없을 때 가장 필요한 것이다. 우리는 사랑하기로 '선택해야' 한다. 성경적, 절대적으로 그렇다. 그들을 사랑하기 시작하는 순간, 시기가 자동으로 물러가기 시작한다. 왜일까? 사랑은 시기의 정반대이기 때문이다. 둘은 같은 장소에서 같은 시간에 공존할 수 없다.

본보기

요즘 우리 문화의 음악, 영화, 데이트 장면에는 온갖 것들이 사랑으로 통한다. 하지만 사실, 그런 사랑은 하나님이 고린도전서 13장을 통해 알려주신 사랑과 별로 상관이 없다. 감사하게도 하나님은 일반은혜를 통해 한 가지 사랑의 선물을 많은 사람에게 주신다. 이 선물은 시기에 빠지기 쉬운 우리의 성향을 바로잡아주는 본보기 역할을 할 수 있다. 하나님이 주시는 이 사랑은 인류의 번식을 돕는 요인 중 하나다. 이것은 바로 하나님이 부모들의 마음에 부어주시는 사랑이다.

생각해보라. 갓난아기를 병원에서 데리고 나와 조심히 카 시트에 앉히는 순간부터, 부모의 삶은 송두리째 바뀐다. 불과 며칠 전만 해도 자기중심적이던 인간이 갑자기 새벽 2시에 자리에서 일어나 아기의 시중을 든다. 아기가 배가 고프다고 울고 기저귀를 갈아달라며 울 때마다 달려가 돌봐준다. 아기가 아무리 못나거나 성미가 고약해도 상관없다. 부모는 입만 열면 아기에 관해서 자랑하고, 아기가 조금만 움직여도 손뼉을 치며 좋아한다. 대부분 하나님의 일반은혜는 원래 게으르던 사람에게 특별한 뭔가를 불어넣는다. 그러면 그들은 열심히 아기의 수종을 드는 충실한 종으로 변한다. 갑자기 자신을 희생하고, 돈을 쓰며, 관심을 쏟고, 칭찬하며, 모든 것을 참고, 모든 것을 믿으며, 모든 것을 바라고, 모든 것을 견뎌낸다.

자녀가 자라고 배우고 스포츠를 하기 시작한다. 그때 부모가 절대 하지 않는 것이 하나 있다. 바로, 자녀를 시기하는 것이다. 자녀가 이달의 학생으로 선정되어도 부모는 시기하지 않는다. "저 녀석이 뛰어난 학생으로 인정받다니 믿을 수가 없어! 나는 어릴 적에 훨씬 더 뛰어난 학생이었어. 진짜 상을 받을 사람은 나라는 사실을 녀석이 알아야 할 텐데"라고 몰래 투덜거리지 않는다. 딸이 돌아오는 피아노 독주회에서 공연할 특별 피아니스트로 선정되면 부모는 "갑자기 다음 주에 바빠질 것 같아. 가서 녀석을 응원해줄 수 없을 것 같아. 지금 녀석은 우쭐해하고 있겠지"라고 말하지 않는다. 아들이 축구팀 시합에서 결정 골을 넣으면 엄마는 팔짱을 끼고 눈알을 굴리며 "믿을 수 없어! 다들 녀석에게 환호하는 걸 봐! 자기가 다 했다고 생각하고 있겠지"라고 말하지 않는다. 아들이 발목을 다쳐서 경기에서 빠지면 아빠는 "고소하군. 혼자 골을 넣으며 잘난 체를 하더니만"이라고 말하지 않는다.

'사랑은 시기하지 않기' 때문에 그런 일은 일어나지 않는다. 사랑은 분을 내지 않는다. 사랑하는 아이에게 안 좋은 일이 생길 때 사랑은 기뻐하지 않는다. 오히려 정반대로 한다. 자녀를 사랑하는 사람은 아이가 자신을 능가하지 않기를 바라는 게 아니라 오히려 자신을 뛰어넘기를 바란다. 그는 자녀가 자신보다 더 잘하기를 원한다. 자신을 뛰어넘기를 바란다. 심지어 아이가 자신보다 열 배나 뛰어나도 기뻐하고 응원해준다. 그들에게 그것은 전혀 시기나 분노, 안타까움의 이유가 아니다. 그것은 오히려 기쁨과 감탄의 이유다. 또 만족의 이유다. 사랑은 사랑하는 사람의 유익을 추구한다. 사랑하는 사람의 인생이 잘되기를 바란다. 사랑하는 사람이 행복과 이익을 얻도록 최대한 도우려고 한다.

그러나 안타깝게도, 작년에 연봉 인상이 한 번만 된 나 자신과 달리 세 번이나 연봉이 인상된 그리스도 안의 형제를 대할 때는 이런 생각이나 감정을 품지 못한다. 나는 한 번도 쉬지 못하고 일하는데 틈만 나면 휴가를 즐기고, 내가 듣지 못하는 온갖 칭찬을 들으며, 내가 그저 꿈꾸는 성공을 거둔 친한 친구에게도 이런 감정을 품지 못한다. 하지만 우리 마음을 바꿔 그들을 그냥 우리 삶 속에 있는 사람들로 보는 것이 아니라 사랑하기로 선택하면 감정도 바뀔 수 있다.

진짜 사랑의 중요성

마음가짐은 모든 것을 바꿔놓는다. 말 그대로, 모든 것이다! 진정한 그리스도인의 마음가짐은 심지어 고린도 교회도 바울이 빌립보 교인들에게 가르친 사랑의 관계를 경험하는 교회로 변화시킬 수 있다. 바울은 빌립보서 2장 1절에서 이를 네 가지로 설명한다. "그러므로 그리스도 안에 무슨 권면이나 사랑의 무슨 위로나 성령의 무슨 교제나 긍휼이나 자비가 있거든…."

이 목록에서 마지막 두 개를 하나로 묶으면 하나님과의 수직적 관계에서 나오는 네 개의 경험을 얻을 수 있다. 그 경험은 다음과 같다.

1. '권면(격려)'을 받는다: 그리스도, 우리 삶 속에 나타나는 그분의 임재, 그분이 우리의 구속을 위해 완성하신 일로 인해 용기를 얻고 강해진다.

2. '위로'를 받는다: 하나님이 우리를 사랑하신다는 사실과 그분이 우리를 구속하기 위해 하신 일에서 위로와 평안을 얻는다.
3. '교제'를 누린다: 우리는 하나님의 것이기 때문에 성령의 임재 안에서 그분께 받아들여지고 그분과 교제하며 그분과 연합한다.
4. '긍휼과 자비'을 받는다: 하나님의 자비로운 구원과 관련된 이전의 모든 현실로 인해 내적으로 감동받고 마음이 따뜻해지며 안도감이 찾아온다.

이 구절 이전에서는(빌 1:29-30) 그리스도인으로서 우리가 이 세상에서 싸우는 싸움을 위해 '신자들의 연합'을 권면하는 내용이 담겨 있다. 따라서 이 목록의 강조점은 하나님에게서 오는 이 네 가지 은혜로운 현실(즉 권면, 위로, 교제, 긍휼과 자비)이 모두 우리의 공통 경험으로 우리를 하나로 묶어준다는 것이다. 이 경험들은 다 하나님에게서 온다는 점에서 수직적이지만, 우리는 이 땅에서 팀을 이루어 싸우면서 이 공통의 경험을 축하해야 한다. 우리는 이 공통의 경험을 통해 하나가 되어야 한다.

하지만 이 목록에 한 가지 중요한 차원이 더 있다.

그 차원은 다음 구절인 2-4절에서 강조된다. 이런 현실의 수평적 차원은 하나님이 우리 사이의 일상적인 상호 작용을 통해 이 수직적 현실을 매일 증명해 보이신다는 것이다. 다시 말해, 하나님 백성과의 관계를 통해 그리스도의 '권면'을 가시적으로 경험한다. 그리고 그분 자녀들과의 올바른 상호 작용을 통해 하나님 사랑의 '위로'를 경험한다. 그리스도 안에서의 환대와 상호 헌신을 통해 우리 구속자와의 '교제'를 실질적으로 경험한다. 주변에 가득한 구속과 용서를 받은 무리의 그리스도를 닮은 손발을 통해 하나님의 돌보심을 받으면서 '긍휼과 자비'를 느낀다.

바울은 하나님이 자신에게 주시는 은혜를 그분의 백성을 통해서 누렸다고 말한다. "낙심한 자들을 위로하시는 하나님이 디도가 옴으로 우리를 위로하셨으니"(고후 7:6). 하나님은 바울에게 "위로"(빌립보서 2장 1절에서 "권면"으로 번역된 헬라어 단어와 동일)를 주셨다. 그런데 그 당시 낙심했던 그를 위한 "위로"나 "권면"은 디도를 통해 찾아왔다. 바로, 은혜로 구원받고 하나님이 원하시는 대로 사용하도록 자신을 내어드린 인간을 통해서 찾아왔다. 몇 장 앞에서 바울은 절망감을 고백했지만, 이제 그는 하나님이 자신을 받아주셨고 아시아에서의 극심한 고난을 견

녀내게 해주실 것이라는 소망 안에서 힘을 내기로 했다. 그가 바로 다음 구절에서 하는 말도 이런 나의 요지를 다시 뒷받침해준다. "너희도 우리를 위하여 간구함으로 도우라 이는 우리가 많은 사람의 기도로 얻은 은사로 말미암아 많은 사람이 우리를 위하여 감사하게 하려 함이라"(고후 1:11).

내가 고린도후서의 두 가지 짧은 사례를 사용하여 빌립보서 2장 1절의 논리를 탐구한 것은 다음 요지를 전달하기 위해서다. 주변 사람들, 특히 구원의 현실을 공유하는 하나님의 백성을 사랑하는 일에서 당신의 역할이 중요하다. 당신이 주변 사람들에게 진정한 사랑을 품으면, 그 사랑은 그분의 자녀가 사랑, 받아주심, 격려, 위로를 경험하도록 하나님이 사용하시는 수단이 된다. 그 과정을 방해하는 것은 무엇일까? 시기에서 비롯하는 분노나 경쟁심, 냉랭한 태도는 그 과정에 큰 걸림돌이 된다. 우리가 사랑해야 할 사람들, 하나님이 우리를 사용하셔서 그분의 사랑을 보여주기 원하시는 사람들을 시기하면, 단순히 그들과 사이가 멀어지는 것 이상의 결과가 발생한다. 하나님이 자녀의 삶 속에서 행하시려는 역사에 우리가 걸림돌이 되는 것이다. 이런 상황이 발생해서는 안 된다. 시기를 죽이면 우리가 사랑한다고 생각했던 사람들을 진정으로 사랑하게 될 때 찾아오는 만족감 이상의 유익이 있다. 바로, 우리가 남들에게 하나님의 사랑을 전해주는 거룩한 통로가 되는 것이다.

사랑의 마음가짐

감사하게도 하나님은 사도 바울을 사용하여 이 과정이 어떻게 이루어지며, 우리가 올바로 사랑하기 위해서는 어떤 마음가짐이 필요한지를 가르쳐주셨다. 이것은 우리가 남들의 삶에서 하나님의 도구로 쓰일 수 있게 하는 동시에 우리의 시기를 파괴하는 사랑의 마음가짐이다. 성경은 이렇게 말한다. "아무 일에든지 다툼이나 허영으로 하지 말고 오직 겸손한 마음으로 각각 자기보다 남을 낫게 여기고 각각 자기 일을 돌볼뿐더러 또한 각각 다른 사람들의 일을 돌보아"(빌 2:3-4).

이렇게 되려면 수많은 마음 교정이 필요하다. 분명 이것은 우리의 자연적인 마음가짐이 아니다. 이것은 세상이 이해할 수 없는 명령이다. 이것은 반문화적인 차원을 넘어서는 행동 방식이다. 하지만 이렇게 하면 많은 유익이 있다. 시기는 이와 정반대다. 시기하는 마음을 품고서는 하나님의 이런 명령에 따르는 것이 불가능하다.

이 빌립보서 구절의 마음가짐은 하나님이 부모를 통해 보여주시는 사랑의 성인 버전이라고 할 수 있다. 부모는 자녀를 돌보기 위해 토요일 아침에 꿈틀거리는 이기적인 욕구를 억눌러야 한다. 이와 비슷하게, 우리는 친구나 동료, 특히 같은 그리스도인들을 돌보기 위해 토요일 아침에 이기적인 욕구를 한쪽으로 치워야 한다. 수요일 밤에도 금요일 오후에도 그렇게 해야 한다. 부모가 아이에게 "이 작은 녀석보다 나 자신이 더 중요해. 내 이익이 더 중요해. 언제나 내가 우선이야!"라고 말하는 것은 생각할 수도 없는 일이다. 이와 비슷하게, 우리 삶 속의 남들이 얼마나 '인기'가 있고 얼마나 '성공'했든 상관없이, 우리는 진심으로 이렇게 물어야 한다. '어떻게 하면 사랑으로 그에게 복을 더해줄 수 있을까? 어떻게 하면 내가 그의 삶을 돕고, 그에게 유익을 끼치며, 그에게 필요한 것을 주기 위한 하나님의 도구가 될 수 있을까?'

이 마음가짐에 기만을 금하고 겸손을 발휘하라는 명령이 포함된 것은 전혀 뜻밖의 일이 아니다. 높은 자리에서 사랑해야 할 사람들을 내려다보며 비웃는 짓을 그만두기 전에는 절대 이런 생각을 품을 수 없다. 그들의 삶과 행복이 내 관심과 노력을 쏟을 만한 가치가 있다고 생각해야 한다.

당신이 무슨 생각을 하고 있을지 짐작이 간다. '이건 오버야. 그렇게 행동할 수 있는 사람이 세상에 몇이나 되겠어? 나더러 호구가 되라고? 정말로 내가 그의 창고를 청소해주어야 해? 내가 그녀의 화장실을 청소해줘야 해? 그리고 나서 그들의 발까지 씻어주라고? 내가 아무리 주변 친구들에게 그렇게 해줘봤자 누구 하나 내게 비슷하게라도 보답해주지도 않을 텐데. 아니, 우리 소그룹에는 언제라도 나를 배신할 인간이 수두룩해.'

아마 내가 무슨 말을 하는지 알 것이다. 대야에 물을 떠서 곧 자신을 배신할 자의 시꺼먼 발을 발가락 사이까지 정성스럽게 씻어주시는 예수님의 모습이 떠오르지 않는가? 그 뒤에 예수님은 이렇게 말씀하셨다. "내가 너희에게 행한 것같이 너희도 행하게 하려 하여 본을 보였노라"(요 13:15). 본은 따르기 위해 있는 것이다. 그렇다. 창고와 화장실을 청소하라. 병실에 찾아가라. 아기의 탄생을 함께 축하해주라. 자녀의 피아노 독주회에 참석해서 응원해주라. 심지어 회사의 승진 축하 모임에도 참석하라. 남들을 위해 시간과 돈을 투자하는 것은 호구가 아니다. 설령 호구가 되더라도 가장 훌륭한 호구가 되자. 그렇게 하려면 대가가 따를까? 물론이다. 가끔 '내게 필요한 것은 누가 해줄까? 누가 나를 돌봐줄까?'라는 생각이 들지도 모른다. 그렇다. 여가가 줄어들고 유튜브와 넷플릭스를 볼 시간이 줄어들까? 물론이다. 하지만 이것은 옳은 마음가짐이다. 그 이유를 아는가? 빌립보서 2장의 다음 구절이 이것을 그리스도의 마음가짐이라고 말하기 때문이다.

궁극적인 본보기

많은 설명이 필요하지 않다. 이것은 기독교의 핵심 메시지며, 당신도 익히 알고 있을 것이다. 따라서 이는 우리가 품어야 할 마음가짐이며, 예수님이 본을 보여주신 마음가짐에 관한 성경의 설명을 읽고 가슴에 새기면 된다. 이 마음가짐을 품으면 분노와 자랑, 교만, 경쟁적인 태도, 시기의 자기중심적인 열매가 들어올 틈이 없다.

너희 안에 이 마음을 품으라 곧 그리스도 예수의 마음이니 그는 근본 하나님의 본체시나 하나님과 동등됨을 취할 것으로 여기지 아니하시고 오히려 자기를 비워 종의 형체를 가지사 사람들과 같이 되셨고 사람의 모양으로 나타나사 자기를 낮추시고 죽기까지 복종하셨으니 곧 십자가에 죽으심이라(빌 2:5-8).

시기에서 등을 돌리고 내 마음을 그리스도처럼 바꾸려면, 자존심이 상한다는 피할 수 없는 느낌을 받을 수 있다. 하지만 이것은 고결한 행위며, 더 고결할 수가 없는 행위다. 또 희생적인 행동이라고 말할 수 있는가? 물론이다. 공허한 느낌이 들 위험이 있는가? 그렇다. 하지만 중요한 사실이 있다. 스스로 높아지려는 욕구를 내려놓고 자신보다 앞서 보이는 사람의 화장실을 기꺼이 그리고 열심히 청소해주는 종이 되면, 역사상 가장 하나님이 기뻐하신 삶을 본받는 것이다. 그것은 바로 그리스도의 마음을 보여주는 것이다. 물론 예수님의 삶을 본받는 것은 쉽지 않다. 세상이 추구하는 모든 욕구를 거슬러야 하기 때문이다. 하지만 명심하라. 요한일서 2장 17절은 수많은 세상 사람이 추구하는 욕구와 갈망을 기술한 뒤에 핵심을 전한다. "이 세상도, 그 정욕도 지나가되 오직 하나님의 뜻을 행하는 자는 영원히 거하느니라."

이 마음가짐을 진심으로, 그리고 계속해서 추구하면 교회에서 혹은 친구들 사이에서 호구가 된 기분이 들수 있다. 그럴 때마다 예수님의 날카로운 질문과 답을 바라보라. 그리고 그분이 제자들의 발을 씻어주신 분이라는 사실을 잊지 마라. 제자들은 각자 자신이 대단하다고 착각하고 있었다. 하지만 예수님은 이렇게 묻고 답하셨다. "앉아서 먹는 자가 크냐 섬기는 자가 크냐 앉아서 먹는 자가 아니냐 그러나 나는 섬기는 자로 너희 중에 있노라"(눅 22:27).

우리 눈에 예수님이 종이 되신 것은 나쁘고 굴욕적이고 부당하고 옳지 않아 보인다. 하지만 빌립보서 2장에서 진정으로 사랑하라는 권면하는 말씀이 어떻게 끝나는지를 잊지 마라.

이러므로 하나님이 그를 지극히 높여 모든 이름 위에 뛰어난 이름을 주사 하늘에 있는 자들과 땅에 있는 자들과 땅 아래에 있는 자들로 모든 무릎을 예수의 이름에 꿇게 하시고 모든 입으로 예수 그리스도를 주라

시인하여 하나님 아버지께 영광을 돌리게 하셨느니라 (빌 2:9-11).

이 비유와 정확히 맞지는 않지만, 우리가 시기 대신 사랑의 마음가짐을 선택하면 궁극적으로는 절대 손해를 보지 않는다. 하나님은 그분의 사랑과 섬김을 진정으로 보여주는 자들을 자랑스러워하시며 그들에게 후히 공급해 주신다. 다음과 같은 소망의 말씀으로 이번 장을 마치고 싶다. 이 말씀을 읽고 나서 모든 변명을 내려놓고 삶 속의 사람들을 진정으로 사랑하는 모험을 시작하기를 바란다.

하나님은 불의하지 아니하사 너희 행위와 그의 이름을 위하여 나타낸 사랑으로 이미 성도를 섬긴 것과 이제도 섬기고 있는 것을 잊어버리지 아니하시느니라 우리가 간절히 원하는 것은 너희 각 사람이 동일한 부지런함을 나타내어 끝까지 소망의 풍성함에 이르러 게으르지 아니하고 믿음과 오래 참음으로 말미암아 약속들을 기업으로 받는 자들을 본받는 자 되게 하려는 것이니라(히 6:10-12).

7장
시기에 반격하는 법, 기쁨

전 헤비급 권투 챔피언 잭 뎀프시는 제2차 세계대전 발발 당시 링에서 은퇴한 뒤에 해안 경비대로 국가를 섬겼다. 해안 경비대는 현명하게도 '뎀프시 대위'에게 병사들의 백병전 훈련을 맡겼다. 그가 특공대 전투를 위해 개발한 단계별 지침서는 1942년에 출간되었고, 지금도 온라인에서 구할 수 있다. 전직 권투 선수의 책답게 제목은 『거칠게 싸우는 법』(How to Fight Tough)이다.[28]

사진이 많이 실린 이 흥미로운 매뉴얼에서 뎀프시는 사람들의 입에 자주 오르내리는 "최선의 방어는 좋은 공격이다"라는 말의 의미를 설명해준다.[29] 그 책에서 우리는 먹고살려고 사람들을 두들겨 팼던 사람이 말해주는 다른 거친 전략들도 얻을 수 있다. 예를 들어, 이런 문구를 볼 수 있다. "물러 터지게 구는 것은 곧 자살이다." "죽이지 않으면 죽는다." "마지막으로 공격하는 자가 가장 먼저 죽는다."30) 그리스도인의 삶이 전쟁이라는 하나님의 경고를 기억나게 해주는 말로서는 나쁘지 않다. 그렇다. 우리에게는 무수히 많은 부하를 거느린 흉포한 적이 있다. 놈은 우리 안에서, 그리고 우리를 통해서 이루어지려는 하나님의 역사를 방해한다. 심지어 가능하면 우리를 완전히 파괴하려고 한다. 하지만 뎀프시의 매뉴얼과 달리, 우리의 반격은 세상의 반격과 같지 않다. 성경은 이렇게 말한다. "우리의 싸우는 무기는 육신에 속한 것이 아니요"(고후 10:4). 이것이 이번 장과 지난 장의 제목이 모순과 역설처럼 들리는 이유다. 어떻게 악한 영적 공격자들과 그들의 전술을 사랑과 기쁨으로 물리칠 수 있는가? 그렇다. 그렇게 할 수 있다. 사랑과 기쁨은 전쟁사에서 발견할 수 있는 전통적인 무기류가 아닐지 모른다. 그렇다고 해서 이 무기들이 고린도후서 10장 4절에서 이어서 말하는 "어떤 견고한 진도 무너뜨리는 하나님의 능력"을 가지지 못한 것은 아니다. 이 무기들은 우리의 영적 적들이 우리 마음속에 심어주려고 안달이 나 있는 이기적이고 경쟁적이며 사악한 사고방식을 깨뜨릴 힘이 있다. 사령관의 자녀로서 우리는 "진리의 말씀과 하나님의 능력으로 의의 무기를 좌우에 가지고"(고후 6:7) 이 사고방식을 공격해야 한다. 그러니 이제 시기를 무찌를 수 있는 기쁨이라는 의의 무기에 관해서 살펴보자.

기뻐하는 자들과 함께 기뻐하라

자신의 승진, 새 차, 성과, 건강, 명절 보너스는 기뻐하기가 너무도 쉽다. 우리가 남들보다 앞서거나 복이나 보상, 상을 받으면 행복해질 수밖에 없다. 물론 우리가 행복을 추구하는 것은 전혀 잘못된 것이 아니다. "행복이 아닌 기쁨을 추구해야" 한다는 귀에 익지만 잘못된 기독교의 격언과 달리 행복은 좋은 것이다.[31] 하지만 예수님은 분명 이렇게 말씀하실 것이다. "너 자신의 복에 관해서만 행복해하면 네게 무슨 상이 있겠느냐? 심지어 세리들도 그렇게 하지 않느냐?" 우리는 기뻐하는 사람들과 함께 기뻐해야 한다. 그런데 문제가 있다. 내 친구를 기쁘게 하는 복이 내가 가지지 못한 복이라면 얘기가 완전히 달라진다.

내가 이 책의 마지막 장을 집필하던 중에 한 친구에게서 문자 메시지 하나 받았다. 친구가 진정한 새집을 보고 왔다는 소식이었다. 캘리포니아 해변에서 높은 임대료를 내고 아파트(미국에서 아파트는 저소득층이 사는 곳—역주)에서 사는 사람들이 다 그렇듯, 그동안 친구는 비싼 집값 때문에 자가를 소유할 수 없었다. 그런데 이번에 연봉이 꽤 오른 덕분에 부동산 중개인과 함께 '진짜' 집을 보고 왔다. 네 벽 중 하나가 이웃집 벽과 붙어 있는 집이 아니었다. 두 개의 큼지막한 차고, 그리고 현관과 도로 사이에 놓인 진짜 차도(그 지역에서는 가장 큰 복)가 있는 집이었다. 친구는 그 집을 찜하고서 기도하는 중이라고 했다. 나는 누구보다도 기뻤다. 실제로 나는 축하의 말을 열 줄이나 써서 답장을 보냈다. 하지만 그 사실을 아는가? 하나님은 내게도 이미 진짜 집을 주셨다. 이곳에서 13년을 산 끝에 진짜 집에 입성할 수 있었다. 친구가 고민 중이라던 집의 사진들을 클릭해서 보니 우리 집 주방이 더 컸다. 그래서 내가 친구가 집을 사서 얼마나 기쁜지 모른다고 말하기가 어려웠을까? 아니, 그 일이 나에게는 별로 어렵지 않았다. 나는 정말로 기뻤다. 이런 상황은 나에게

"즐거워하는 자들과 함께 즐거워"하지 못할 만한 상황은 아니다.

하지만 나는 이 친구에게서 이런 문자를 받으면 나처럼 기뻐하지 못할 수도 있는 친구 여러 명을 알고 있다(그중에는 그 친구의 집에서 멀지 않은 곳에 있는 아파트에 사는 친구도 있다). 그리고 내가 도무지 살 수 없을 것처럼 보였던 캘리포니아주 남부의 집을 사기 위해 8년째 허리띠를 졸라매던 시절에 그 문자를 받았다면, 분명 사탄의 사자에게 넘어가 엄청난 시기심에 들끓었을 것이다. 친구의 좋은 소식을 듣고 즉시 기뻐하지 못하고, 친구에 대한 진정한 그리스도의 사랑을 마음 깊은 곳에서 억지로 끌어올려야 했을 것이다. 특히 쪼들리던 기간이 11년째 되던 해에 그 문자를 받았다면 십중팔구 시험을 통과하지 못했을 것이다.

기뻐하기가 힘든가?

로마서 12장 15절에 나오는 기뻐하라는 명령은 이런 상황에서 극도로 힘들다. 내 과거의 또 다른 사례를 들자면, 아내와 나는 결혼한 지 10년 만에 첫아이를 얻었다. 우리는 수년간 불임으로 고생했고, 아내는 아기를 품에 안겠다는 꿈을 이루기 위해 두 번이나 수술을 받았다. 영원처럼 길게만 느껴지던 이 실망스러운 시기에 가까운 또래 친구들은 계속해서 아기를 낳았다. 아내가 임신을 축하하기 위해 선물을 사서 친구들을 찾아간 적이 얼마나 많은지 모른다. 몇 번인지 다 셀 수는 없지만, 우리는 매번 고통을 느꼈다. 친구와 지인들이 기뻐할 때 진정으로 기뻐할 만큼 그들을 진정으로 사랑하라는 명령을 지키기가 몹시 어려웠다. 우리가 가까운 친구들을 제대로 사랑했는지 혹은 사랑하지 못했는지는 임신 축하에 얼마나 자주 초대받았는지를 보면 알 수 있다. 우리가 조금만 형식적으로 축하하는 모습을 보이면, 사람들은 우리의 슬픔을 알아채고 곧바로 우리에게 초대장을 잘 보내지 않았다. 축하 자리에서 부지불식간에 우리의 슬픈 감정이 표출되는 경우가 많아지자 친구들은 우리에게 상처를 주기 싫어서 임신 사실을 알리지 않거나 우리를 돌잔치에 초대하지 않았다. 우리는 진정으로 이타적인 사랑을 발휘하여 남들의 성공을 함께 기뻐하며 축하해줘야 한다. 그렇게 하지 않으면 상대방은 그것을 진정한 축하로 여기지 않을 것이다.

　　많은 사람이 로마서 12장 15절 전체인 "즐거워하는 자들과 함께 즐거워하고 우는 자들과 함께 울라"를 읽고서, 기뻐하는 자들과 함께 기뻐하는 것보다 고통 중에 있는 자들과 함께 슬퍼하는 것이 더 힘들다고 단순하게 생각한다. 전자는 긍정적인 감정이고 후자는 부정적인 감정이라는 것이 그렇게 생각하는 이유다. 하지만 전혀 그렇지 않다. 완전히 정반대다. 당신이 이번 장을 읽다가 사무실에서 함께 일하는 동료나 아들의 리틀리그 야구팀에서 함께 뛰는 한 아이의 엄마에게서 전화를 받는다고 해보자. 가족이 심각한 교통사고를 당해서 근처 병원 중환자실에 누워 있다는 전화를 받으면 서둘러 겉옷을 입고 병원으로 달려가, 죽어가는 가족의 손을 꽉 쥔 그 사람과 함께 울어주는 것이 얼마나 어려울까? 답은, 전혀 어렵지 않다는 것이다. 세상에서 가장 무정한 사람들만 귀찮아하며 억지로 몸을 일으켜 병원을 찾아갈 것이다. 그래서 기뻐하는 자들과 함께 기뻐하는 것이 훨씬 어렵다고 말하는 것이다. 하지만 하나님은 그분의 백성에게 바로 이렇게 하라고 명령하신다. 그분께 사랑받은 우리는 관계 속에서 그 사랑을 보여주도록 부름을 받았다.

로마서 12장에는 어렵고 반직관적인 명령이 가득하다. 최근에 성경의 이 부분을 읽어본 적이 있는가? 바로 이전 구절을 들어보라. "너희를 박해하는 자를 축복하라 축복하고 저주하지 말라"(14절). 반복에서 이 명령이 어렵다는 점을 눈치챌 수 있다. 이것은 토요일 아침에 우리 아버지가 내게 했던 말과 비슷하다. "너, 오늘 경기 있는 거 알아. 하지만 잔디를 깎고 가야 한다. 자전거를 타고 밖으로 나가고 싶은 거 알아. 하지만 이건 꼭 해야 해. 잔디는 꼭 깎아야 해." 아버지는 내가 하기 싫은 일을 시킬 때면 꼭 이렇게 말했다. 내가 차고 문을 열어 잔디 깎는 기계가 아닌 자전거를 끌고 나가고 싶은 줄 알고서 이렇게 말했다. 아버지가 반복적으로 말하면서 인상을 쓰면 나는 천천히 고개를 끄덕였다. "하기 싫더라도 이건 무조건 해야 해." 로마서 12장 14절에서 우리는 하나님이 이렇게 말씀하시는 것을 들을 수 있다. "그들을 축복하고 싶지 않다는 걸 안다. 당장 달려가서 그들에게 저주를 퍼붓고 싶은 걸 안다. 하지만 그들을 저주하지 말고 축복해야 한다. 그렇게 해야 한다."

로마서 12장 17절은 계속해서 더욱 반직관적인 명령을 내린다. "아무에게도 악을 악으로 갚지 말고." 그리고 20절에도 그런 명령이 나온다. "네 원수가 주리거든 먹이고 목마르거든 마시게 하라." 이보다 더 힘든 일은 별로 없다. 남자 친구에게 파혼을 당하고 나서 한 달 새에 세 번째로 남의 임신을 축하해주러 갈 때만 빼고 말이다. 저런! 결혼을 앞둔 친구를 위한 선물을 사서 축하의 말을 정성껏 쓴 다음, 결혼 전 파티에 참석해 미소를 지을 때도 같은 기분이 들 것이다. 우리에게는 모두 이와 비슷한 상황이 있다. 이런 상황에서 우리는 기뻐하라는 명령이 가장 어렵다는 사실을 절감한다. 하지만 그 명령을 따를 때 시기라는 죽음에 이르는 죄가 우리 마음 밭에 싹틀 틈이 없어진다.

모든 좋은 선물

이 어려운 명령에 순종할 수 있게 해주는 하나의 시각은 야고보서 1장 17절 전반부의 짧은 구절에서 찾을 수 있다. 이 구절은 간단명료하게 말한다. "온갖 좋은 은사와 온전한 선물이 다 위로부터 빛들의 아버지께로부터 내려오나니." 이 구절의 의미를 곱씹어보자. 이 구절은 모든 좋은 것, 모든 "온전한 선물"이 하나님에게서 온다고 말한다. 그런데 여기서 '온전한'은 헬라어 '텔레이오스'(teleios)를 번역한 것이다. 이것은 신약에서 여러 배경에서 사용되어 '딱 맞는', '딱 어울리는', '내가 원하는 바로 그' 선물이라는 의미를 함축한다.

잠시 우리 집 이야기로 돌아가보자. 미국에서 내가 거주하는 지역의 집을 산 사람이 대개 그렇듯, 우리가 현재의 집을 사게 된 데는 사연이 있다. 그 이야기를 여기서 다 풀어놓을 수는 없지만, 분명 하나님은 우리 가족에게 '딱 맞는' 집을 마련해주셨다. 우리는 천방지축인 아들 둘과 장애가 있는 딸을 키운다. 정신없이 바쁜 우리의 사역 일정을 고려할 때 꼭 필요한 몇 가지 사항이 있었다. 이 집은 그 모든 사항에 완벽히 부합했다. 그래서 나는 하나님께 여러 번 감사하며 이렇게 말씀드렸다. "하나님, 감사합니다. 이 집은 저희에게 완벽한 집입니다!" 바로 이것이 '텔레이오스'의 의미다. 그런데 내 설교를 들어보면, 내가 말하는 '완벽'은 '흠이 전혀 없는'이 아니라는 점을 금방 알아차릴 것이다. 사실, 불완전한 우리 집 덕분에 나는 많은 예화를 얻었다. 우리 집 차도에 늘어선 나무들의 몹쓸 뿌리 때문에 손해가 막심했던 사연이 없었다면, 이 책을 마무리하지 못했을지도 모른다.

분명히 당신의 친구들과 그리스도 안의 형제 중에 그들 자신에게 딱 맞는 것을 얻은 사람이 많을 것이다. 그 복은 그들의 삶 중 일부 영역에서 필요한 모든 것을 채워주었다. 그 복은 너무 완벽하게 그들의 마음에 들어서 그들은 다른 것에 곁눈질할 필요도 없을 것이다. 그 복은 그들의 집일 수도 있고 그들의 직장일 수도 있다. 혹은 그들의 배우자일 수도 있고 연봉일 수도 있다. 그들의 교회이거나 다른 것일 수도 있다. 그런데 그것들은 남들을 시기하게 만드는 요소가 될 수 있다. 남들은 인상을 찌푸리며 이렇게 생각할 수 있다. '저걸 봐! 인생이 어쩜 저렇게 술술 풀릴까! 다 가졌어. 화려한 휴가를 즐기니 좋겠네.'

야고보서 1장 17절로 돌아가보자. 여기서 내가 전하려는 요지는 이 복들이 다름 아닌 하나님이 그들에게 주신 것이라는 점이다. 하나님이 그들에게 주셨다. 그들에게 이런 복을 후히 주신 분은 바로 당신이 오늘 아침에 기도드린 주권적인 왕이시다. 이 좋은 선물을 그들의 삶 속에 부어주신 분은 당신이 지난주 주일 아침에 진심 어린 찬양을 올려드린 구속자시다. 우리는 우리 자신의 삶을 생각하면서 야고보서 1장 17절을 읽을 때가 많다. 물론 그렇게 하면, 하나님이 우리에게 얼마나 많은 은혜를 베푸셨는지를 생각하며 진심으로 감사의 찬양을 올려드릴 수 있다. 하지만 이 구절은 우리가 시기하는 주변 사람들, 우리와 격차가 나는 삶으로 인해 우리 안에 분노와 원망을 일으키는 사람들에게도 해당하는 말씀이다. 우리를 씁쓸하거나 괴롭게 만드는 그들 삶의 선물은 바로 우리 하나님이 그들에게 주신 것이다. 고린도전서 4장 7절은 이 점을 간결하게 표현한다. "누가 너를 남달리 구별하였느냐 네게 있는 것 중에 받지 아니한 것이 무엇이냐." 우리가 받은 자든 받지 못한 자든, 그 선물은 우리의 하나님에게서 오는 것이다.

    이렇게 생각할 수 있다. 우리와 우리가 시기하는 대상 사이에 차이가 나는 이유는 바로 하나님이 그렇게 하셨기 때문이다. 우리가 마음속에 품고 정당화하는 불만은 사실 엉뚱한 사람에게 향해 있는 것이다. 잠시 생각해 보라. 우리가 원하는 것을 가진 사람에게 적대감이나 미움이 일어날 때 하나님이 그에게 주지 않으셨다면, 그가 그것을 받지 못했을 것이라는 점을 기억해야 한다. 이 점을 분명히 알고서 스스로 물어보라. '나는 정말로 하나님

게 불만을 품기를 원하는가?'

레아에게 은혜롭게 건강한 아이를 선물로 주신 분은 하나님이셨고, 라헬은 이 일에 대해 레아를 "시기"했다(창 30:1). 라헬은 레아를 너무 시기한 나머지 남편 야곱에게 소리를 질렀다. "내게 자식을 낳게 하라 그렇지 아니하면 내가 죽겠노라"(1절). 야곱이 비록 짜증과 분노로 같이 소리를 질렀지만 그의 말은 정곡을 찌르고 있다. "그대를 임신하지 못하게 하시는 이는 하나님이시니 내가 하나님을 대신하겠느냐?"(2절) 이 구절에서 보듯이, 야곱이 좋은 말로 대답하지 않은 것은 맞지만, 그 말에 반박할 수는 없다. 이것은 야곱의 일이 아니라 하나님의 일이었다. 레아의 일도 아니었다. 라헬이 레아와 그 아기에게 미움을 쏟아내고 남편에게 화를 낸 것은 시기심의 추악한 열매였다. 이것은 기도로 하나님과 대화하며 풀어야 할 문제이지, 다른 사람을 적대시하거나 험담하거나 몰아붙일 문제가 아니었다.

라헬 그리고 우리는 비록 쉽지 않지만, 우리의 생각과 말과 행동을 하나님이 옳고 최선이며 유익하다고 말씀하시는 방향으로 향하게 해야 한다. 그리고 이제 우리는 하나님이 원하시는 것이 무엇인지 안다. 우리의 감정을 점검하고, 시기심을 느끼는 사람들을 사랑하기로 결단하며, (우리가 사랑한다고 말하는) 하나님이 우리가 아닌 그들에게 주기로 선택하신 선물을 의식적으로 축하해주어야 한다. 물론 이것은 보통 어려운 일이 아니다. 특히, 우리 안의 모든 것이 "그냥 네가 느끼는 대로 해"라고 외치는 상황에서는 정말 쉽지 않다. 하지만 그렇게 하면 더 많은 탐욕, 더 많은 불만, 더 많은 질투, 더 많은 불화만 낳을 뿐이다.

하지만 하고 싶지 않아

나는 우리가 왜 하기 싫은 일을 하기 힘들어하는지 알고 있다. 매일 이른 아침에 알람이 울릴 때마다 나는 그런 경험을 한다. 하지만 우리 삶에는 원하든 원치 않든 상관없이 해야 할 일이 가득하다. 감정과 욕구를 우리 삶의 주인 자리에 앉히라는 이 파괴적인 세상의 외침은 지독히 어리석은 것이다. 사실, 우리는 세상이나 국가, 교회, 가정이 각자 기분이 내키는 대로 행하는 곳이 되기를 원하지 않는다. 우리 자신의 삶도 그렇게 되기를 원하지 않는다. 사회의 질서뿐 아니라 성경적인 의가 이루어지려면, 우리 자신의 내면에서 아우성치는 감정들의 소리에 귀를 닫아야 한다. 옳은 일을 하기 위해서는 반드시 이렇게 해야 한다. 예수님은 그분, 그분의 길, 그분의 가르침, 아버지가 기뻐하시고 결국 우리에게 좋은 길을 따르려면 많은 자기 부인이 필요하다고 분명히 말씀하셨다. "아무든지 나를 따라오려거든 자기를 부인하고"(눅 9:23). 그리스도인이 되는 것은 기본적으로 내적 전투를 치르라는 초대를 받아들이는 것이다. "영혼을 거슬러 싸우는 육체의 정욕을 제어하라"고 베드로전서 2장 11절은 말한다. 우리의 관계 속에서 시기와 미움이 들끓는 것은 우리가 마음속 전투에 치열하게 임하지 않기 때문이다. 야고보서 4장 1절의 질문과 답을 기억하는가? "너희 중에 싸움이 어디로부터 다툼이 어디로부터 나느냐 너희 지체 중에서 싸우는 정욕으로부터 나는 것이 아니냐." 우리 세상의 혼란과 악함에 대한 성경의 진단은 이렇다. "그들이 감각 없는 자가 되어 자신을 방탕에 방임하여 모든 더러운 것을 욕심으로 행하되"(엡 4:19).

분명, 우리 자신의 충동과 욕구를 따라가서는 안 된다. 그리스도인으로서 우리는 옛 패턴을 실질적으로 깨뜨릴 수 있는 성령의 능력을 받았다. 에베소서 4장의 다음 구절은 불완전하게 사는 우리에게 이렇게 말한다. "오직 너희는 그리스도를 그같이 배우지 아니하였느니라"(20절). 이 구절은 계속해서 '진리가 예수 안에 있음'을 상기시킨다. 그리고 나서 우리에게 이렇게 촉구한다. "너희는 유혹의 욕심을 따라 썩어져 가는 구습을 따르는 옛사람을 벗어 버리고 오직 너희의 심령이 새롭게 되어 하나님을 따라 의와 진리의 거룩함으로 지으심을 받은 새 사람을 입으라"(22-24절). 이것은 의도적이고 지속적인 행위다. 이 책이 마약이나 술, 포르노, 도벽의 죄에 관한 책이더라도 방법은 똑같다. 그리스도의 가치를 따르고 우리를 옭아매고 있는 죄에서 등을 돌리기로 의식적으로 결단해야 한다. 그러고 나서 그리스도와 나란히 걷는 삶으로 나아가야 한다. 위의 구절에서 말하듯이, 이것은 '새 사람을 입는' 것이다. 이것은 하나님이 '하나님을 따라 지음을' 받고 내면 깊은 곳에서 항상 '의와 진리의 거룩함'을 갈망하는 진짜 그리스도인들에게 주신 새 삶이다. 우리는 반대 방향으로 가라고 외치는 감정들의 소음을 뚫고 나가야 한다.

우리가 연습하면 시기는 버틸 수 없다

내가 좋아하는 구절 중 하나에서 다윗은 자기 자신과 대화를 나눈다. 그리고 그 대화를 노래로 만들었다.

내 영혼아 여호와를 송축하라 내 속에 있는 것들아 다 그의 거룩한 이름을 송축하라 내 영혼아 여호와를 송축하며 그의 모든 은택을 잊지 말지어다 그가 네 모든 죄악을 사하시며 네 모든 병을 고치시며 네 생명을 파멸에서 속량하시고 인자와 긍휼로 관을 씌우시며 좋은 것으로 네 소원을 만족하게 하사 네 청춘을 독수리같이 새롭게 하시는도다(시 103:1-5).

이것은 정말 도움이 되는 노래다. 다윗은 자기 자신과의 상명하복 관계를 보여준다. 그는 자신의 감정을 따르거나 자기 영혼이 내키는 대로 하게 놔두지 않는다. 그는 자기 영혼에 무엇을 해야 할지 지시한다. 이 경우, 그는 자신의 영혼에 하나님께 절하며 감사하라고 말한다. 또 하나님이 자신을 위해 행하신 모든 일을 조사해보라고 말한다. 이는 비교하기 위해서가 아닌 감사하기 위해서다. 좋고 딱 맞는 모든 선물은 하나님에게서 온다. 그래서 다윗은 감사할 거리가 정말 많다고 자기 자신에게 말한다. 그는 과거에 아팠다고 말한다. 자신이 과거의 많은 곤경에서 구원을 받았다고 말한다. 또 그는 하나님이 주신 선물에서 항상 만족을 얻었다. 그가 진심으로 깊이 감사할 수 있는 것이 많았다.

이런 마음을 품으면 진심으로 이렇게 말하기 시작할 수 있다. "나는 하나의 선물을 가졌고, 너는 다른 선물을 가졌다. 이 얼마나 좋은가. 하나님은 선하시다"(고전 7:7 참고). 선물의 종류는 다르지만, 우리 모두의 하나님은 동일하시다(고전 12:6). 이렇게 말하는 연습을 하면 가지지 '못한' 것에 신경 쓰지 않게 될 뿐 아니라 남들이 받은 선물에 성경의 명령대로 반응할 수 있다. 즉, 기뻐할 수 있다. "이봐 영혼아, 이번에 그들에게 아기가 생겼대. 그러니 기뻐해! 이봐 영혼아, 그들이 집을 샀대. 그러니 기뻐해! 이봐 영혼아, 하나님이 그 여성에게 좋은 것을 정말 많이 주셨대. 그러니 기뻐해! 이봐 영혼아, 그 남자가 이번 분기에 엄청난 판매 실적을 올렸대. 그러니 기뻐해! 이봐 영혼아, 그 아이가 공부를 정말 잘해서 부모에게 큰 기쁨을 주고 있대. 그러니 기뻐해! 이봐 영혼아, 그 사람이 정말 좋은 직장에 들어갔대. 그러니 기뻐해!"

우리는 주변 사람들의 복과 성취를 축하해주는 습관을 기르기 위해 최선을 다해야 한다. 자기 신세 한탄을 하거나 자신과 비교하는 기색 없이 축하해주어야 한다. 이것은 "원수의 잦은 입맞춤"(잠 27:6)과는 다르다. 이것은 아첨이나 남들에게 도량이 있는 것처럼 보이려는 시도가 아니다. 그런 동기가 싹트기 시작하면 자신의 영혼에 잔소리해야 할 때다. 참된 그리스도인으로서 우리는 그리스도의 마음가짐을 품을 능력이 있다. 그 마음은 예수 그리스도 안에서 우리의 것이다. 우리는 마음의 창조주의 형상을 따라 지음을 받은 새 마음을 품고 있다. 그리고 그리스도로 인해 우리는 날뛰는 시기의 정욕과 싸워 그것을 죽일 수 있다(골 3:5). 우리는 이것을 할 수 있고, 해야만 한다. 이것은 선택 사항이 아니라 명령이다. 남들이 뽐내는 꼴을 보기 싫어 그들이 하나님께 받은 것을 잃게 해달라고 할 것이 아니라 그것을 인정하고 함께 축하하며 기뻐해주어야 한다.

"오직 여호와를 경외하는 여자는 칭찬을 받을 것이라"(잠 31:28, 30). 바로 당신이 그녀를 칭찬해주어야 한다. 그녀가 하나님께 받은 특별한 경건함과 은혜로 이미 많은 사람에게 칭찬을 받고 있더라도 바로 당신이 칭찬해주어야 한다.

교회의 지도자 자리에 있는 이들은 존경을 받고 "그들의 역사로 말미암아 사랑 안에서 가장 귀히"(살전 5:12-13) 여김을 받아야 한다. 바로 당신이 그들에게 존경을 표시해야 한다. 그들이 하나님이 주신 은사로 남들에게 복을 전해준 일로 이번 주에 여러 번 존경을 표시하는 말을 들었더라도 바로 당신이 그 말을 해주어야 한다.

하나님께 복음과 남들의 유익을 위해 일할 용기를 받은 이들은 인정받아야 한다. 바로 당신이 그들을 인정해주어야 한다. 그런 일을 직접 할 용기는 없지만, 할 수만 있다면 그런 일을 하고 싶은가? 그렇다면 그들을 찾아가 인정의 말을 전해주라(롬 16:3-4).

존경받아야 할 사람에게 존경을 표시하고, 높여주어야 할 사람을 높여주어야 한다. 설령 그 사람이 이방의 왕인 느부갓네살이어도 그렇게 해야 한다. 그의 모든 권위는 받을 자격이 없음에도 하나님이 주신 것이기 때문이다(롬 13:7, 단 2:37-38).

기뻐해야 할 시간이다. 우리 주변 사람들이 제공해주는 기뻐할 기회가 넘쳐난다. 당신이 받은 복을 조사하여 하나님의 은혜에 감사하라. 당신 자신의 영적 건강을 위해 남들에게 스포트라이트를 비추라. 하나님의 은혜는 각양각색이다. 하나님은 그분의 복을 각기 다른 방식과 다른 양으로 주신다. 오늘 감사할 거리를 많이 받은 누군가를 찾아, 그와 함께 기뻐하라. 기뻐하는 자들과 함께 기뻐하기 위해 노력하라.

나오는 글
앞으로 어떻게 할 것인가?

수년 전 나는 천국과 지옥과 내세에 관한 책을 썼다.[32] 그 책에서 나는 우리가 이번 책에서 탐구해온 죄의 부재를 아주 간단히 다룰 필요성을 느꼈다. 물론 그리스도인의 영원한 본향에는 아무런 죄도 없는 것이 당연하다. 하지만 내가 그 책에서 탐심과 질투, 시기를 따로 다룬 것은 우리가 시기하지 않는 자기 모습을 거의 상상하지 못하기 때문이다. 내가 천국에서 각자 다른 상과 영광, 칭찬을 받는 것에 관한 성경적 자료를 제시하면, 사람들이 속으로 이런 천국을 반대한다는 것을 깨달았다. 사람들은 새 예루살렘이 그런 곳이라면 끔찍한 곳일 것으로 생각한다.

나는 독자들에게서 이런 반대를 예상했다. 내가 성경의 이런 약속에 관해 설교할 때 이런 반대의 말을 들은 적이 많았기 때문이다. "어떻게 어떤 사람은 막대한 상과 높은 평판, 끝없는 권위, 넓은 땅과 집을 받고 어떤 사람은 덜 받을 수 있는가? 그건 공평하지 않아!" 하지만 이런 반대의 말 이면의 진짜 의미는 이것이다. "천국에 나보다 더 많은 복을 누릴 사람이 있다는 것을 알면 시기로 타오를 것이다!" 하지만 우리는 다음과 같은 사실을 기억해야 한다.

영원한 상태에서 우리는 모두 영화로워진 육체를 입고 살 것이다. 궤계를 꾸미던 영적 원수는 무저갱에 갇혀서 벌을 받기 때문에 더는 우리를 괴롭히지 않을 것이다. 우리는 우리보다 더 많은 복을 받은 사람들과 함께 모든 상황에서 진심으로 기뻐할 것이다.[33]

요컨대, 우리는 시기하지 않을 것이다!

본향 맛보기

지금쯤 당신이 시기의 파괴적인 죄를 물리친 삶이

어떤 모습인지를 상상할 수 있게 되었으리라 믿는다. 지금까지 나는 이전에 시기했던 사람들과 진심으로 기뻐하는 경험이 어떤 것인지에 관한 분명한 그림을 보여주기 위해 노력했다. 당신이 현재 미워하는 사람들에게 품을 수 있는 진정한 그리스도의 사랑은 어떤 모습일까? 시기를 성공적으로 무찌르고 이 죄에 빼앗긴 고지를 되찾은 마음, 가정, 교회, 하위문화는 과연 어떤 모습일까? 나는 당신이 그 그림을 상상할 수 있도록 돕고자 했다.

마음의 눈으로 이런 모습을 보면서 당신이 가게 될 곳을 갈망하게 되기를 바란다. 우리의 영원한 본향은 그런 곳과 같다. 아니, 그보다 천 배 만 배 더 좋다. 그곳에 죄는 단 하나도 없다. 시험도 없다. 실패도 없다. 악한 행동도 없다. 시기로 들끓는 마음도 없다. 다음과 같이 될 곳을 상상해보라.

모든 눈물을 그 눈에서 닦아 주시니 다시는 사망이 없고 애통하는 것이나 곡하는 것이나 아픈 것이 다시 있지 아니하리니 처음 것들이 다 지나갔음이러라 보좌에 앉으신 이가 이르시되 보라 내가 만물을 새롭게 하노라 하시고 또 이르시되 이 말은 신실하고 참되니 기록하라 하시고(계 21:4-5).

우리가 선한 싸움을 할 수밖에 없게 만든 세상의 모든 죄가 하나도 없는 곳을 상상해보라. 우리에게 약속된 그 현실을 상상하며 당신의 삶 속에서 지금, 이번 주에, 이번 달에, 금년에 그런 경험을 갈망하기를 바란다. 그 미래의 기쁨을 소망하고 생각할 때 시기가 없는 세상을 지금 미리 맛보고 싶어지기를 바란다. 그런 관점에서 요한일서 3장 2-3절 말씀을 새롭게 읽어보라.

사랑하는 자들아 우리가 지금은 하나님의 자녀라 장래에 어떻게 될지는 아직 나타나지 아니하였으나 그가 나타나시면 우리가 그와 같을 줄을 아는 것은 그의 참모습 그대로 볼 것이기 때문이니 주를 향하여 이 소망을 가진 자마다 그의 깨끗하심과 같이 자기를 깨끗하게 하느니라.

평화가 오고 있다

이 책을 다 읽고 나서 당신의 삶 속에서 이런 승리의 순간이 더 많아지기를 바란다. 하지만 이런 순간은 힘들게 싸워서 얻어야 하는 것이다. 나는 이 점을 강조하고자 노력했다. 그래서 어쩌면 전쟁, 권투, 싸움의 비유가 좀 지긋해졌을지도 모르겠다. 바로 그 점이 내가 노린 것이다. 당신이 마침내 "너희는 보습을 쳐서 칼을 만들지어다 낫을 쳐서 창을 만들지어다 약한 자도 이르기를 나는 강하다 할지어다"(욜 3:10)라고 말할 날을 갈망하기를 바란다. 그날이 오고 있다. 외적인 전투만이 아니라 내적인 전투도 끝날 날이 오고 있다.

유혹의 싸움에서 우리가 느끼는 모든 나약함, 그리고 우리를 무너뜨리려는 원수와 그 악한 저격수에 맞서 영적 전투를 벌이기 위해 늘 정신을 바짝 차리고 있어야 하는 상황은 모두 옛일이 될 것이다. 평화가 오고, 평강의 왕의 즉위식이 거행될 것이다. 그분이 우리의 적을 이기고 온갖 추악한 정욕을 지닌 우리의 육신을 변화시키실 것이다. 그러니 지금은 싸우라. 언젠가 바울의 고별사가 우리 입에서 나올 것이다.

나는 선한 싸움을 싸우고 나의 달려갈 길을 마치고 믿음을 지켰으니 이제 후로는 나를 위하여 의의 면류관이 예비되었으므로 주 곧 의로우신 재판장이 그날에 내게 주실 것이며 내게만 아니라 주의 나타나심을 사모하는 모든 자에게도니라(딤후 4:7-8).

낙심하지 말고 계속해서 전진하라

계속해서 밭을 갈라. 승리 하나마다 하나님께 감사하라. 그리고 실패로 인해 낙담하지 마라. "의인은 일곱 번 넘어질지라도 다시 일어나려니와"(잠 24:16). 주저앉아 있지 마라. 전투의 짐을 함께 나누고, 이 추악한 죄와의 싸움을 계속하도록 서로 격려하고 질책해줄 사람들을 찾으라. 포기하지 마라. 절대. 결승선을 넘을 때까지 계속해서 달려가라. 전투가 아무리 힘들어져도, 같은 죄를 계속해서 고백하는 상황이 답답해도, 포기하지 마라. 기도하고, 믿으며, 씨름하고, 고백하기를 멈추지 마라. "두렵고 떨림으로 너희 구원을 이루라 너희 안에서 행하시는 이는 하나님이시니 자기의 기쁘신 뜻을 위하여 너희에게 소원을 두고 행하게 하시나니"(빌 2:12-13). 하나님은 당신 삶의 이 영역에서 진전이 나타나기를 원하신다. 그러니 계속해서 분투하라. 멈추지 마라. 액셀에서 발을 떼지 마라. 당신은 해낼 수 있다. 하나님이 도와주실 것이다. 시기는 점점 더 줄고 진정한 사랑은 점점 더 많아지는 삶으로 계속해서 나아가라.

내가 기도하노라 너희 사랑을 지식과 모든 총명으로 점점 더 풍성하게 하사 너희로 지극히 선한 것을 분별하며 또 진실하여 허물 없이 그리스도의 날까지 이르고 예수 그리스도로 말미암아 의의 열매가 가득하여 하나님의 영광과 찬송이 되기를 원하노라(빌 1:9-11).

주

1. Mette Ivie Harrison, "Declaring War on Christian Metaphors," Huffpost.com, 2016년 10월 11일, https://bit.ly/3xPf91g.
2. Thomas Aquinas, Summa Theologica: Complete English Edition in Five Volumes, vol. 3, trans. Fathers of the English Dominican Province (New York: Benzinger Brothers, 1948), 1342-1346.
3. Flavius Josephus, The Works of Josephus: Complete and Unabridged, updated ed., trans. William Whiston (Peabody, MA: Hendrickson, 1987), 608.
4. C. S. Wolcott, "Pilate Cycle," The Lexham Bible Dictionary, ed. John D. Barry (Bellingham, WA: Lexham Press, 2016).
5. Fredrick W. Danker 등, A Greek-English Lexicon of the New Testament and Other Early Christian Literature, 3rd ed. (Chicago: University of Chicago Press, 2000), 199.
6. St. Augustine, The Problem of Free Choice, trans. Dom Mark Pontifex (Westminster, MD: Newman Press, 1955), 219.
7. William Law, The Works of the Reverend William Law, vol. 4 (London: J. Richardson, 1762), 183.
8. John Chrysostom, Saint Chrysostom: Homilies on the Acts of the Apostles and the Epistle to the Romans, A Select Library of the Nicene and Post-Nicene Fathers, vol. 11, ed. Philip P. Schaff (New York: The Christian Leadership Co., 1889), 381.
9. Cyprian of Carthage, "On Jealousy and Envy," Hippolytus, Cyprian, Caius, Novatian, The Ante-Nicene Fathers, vol. 5, eds. Alexander Roberts and

James Donaldson (New York: Christian Literature Co., 1886), 492.
10. Rick Brannan 등, *The Lexham English Septuagint* (Bellingham, WA: Lexham Press, 2012), 847. 라틴어 제목인 지혜서는 『솔로몬의 지혜』(*Wisdom of Solomon*)로도 알려져 있다. 이것은 흔히 구약 외경(Old Testament Apocrypha)이라고 불리는 정전 외 책들의 묶음이다. 지혜서는 후대 사람이 솔로몬 왕의 통찰들을 담아낸 책으로 여겨진다. 대체로 기원전 1세기에 쓰인 것으로 추정한다.
11. R. Albert Mohler Jr., *Words from the Fire: Hearing the Voice of God in the 10 Commandments* (Chicago: Moody Publishers, 2009), 184-185. 『십계명』(부흥과개혁사).
12. Tilly Dillehay, *Seeing Green: Don't Let Envy Color Your Joy* (Eugene, OR: Harvest House, 2018), 40.
13. Groucho Marx, *Groucho and Me* (London: Muriwai Books, 2017), 143-144.
14. Joseph Epstein, *Envy: The Seven Deadly Sins* (New York: Oxford University Press, 2003), 1. 『시기』(민음인).
15. 예를 들어, 클레멘트 전서(*1 Clement*) 45장 7절. 이 구절은 사드락과 메삭과 아벳느고를 맹렬한 풀무불에 던진 잔인하고 우상 숭배적인 사람들을 묘사하기 위해 이 단어를 사용한다.
16. 내 책 *10 Mistakes People Make about Heaven, Hell, and the Afterlife* (Eugene, OR: Harvest House Publishers, 2018), 51-59의 한 장인 "On My Way to Heaven I'll Have to Put in Some Time in Purgatory"에서 연옥에 관한 로마가톨릭의 교리를 반대하는 내용을 보라.
17. Tunku Varadarajan, "Jonathan Haidt on the 'National Crisis' of Gen Z," *Wall Street Journal*, 2022년 12월 30일, https://on.wsj.com/4d3A0fY.
18. *The Ed Sullivan Show*, 1970년 1월 11일, https://youtu.be/p88LY_IQBh0.
19. Robert G. Robins, "Reasons of State-The Thirty Years' War, Europe's Last Religious War," *Christian History* 122 (2017): 28, https://christianhistoryinstitute.org/magazine/article/reasons-of-state.
20. "Lessons from Charlie Munger at the 2022 DJCO Meeting," Novelinvestor. com, 2022년 2월 18일, https://bit.ly/468wLBF; and video, https://youtu.be/20M26u0kFzE.
21. 내 책 *Raising Men, Not Boys: Shepherding Your Sons to Be Men of God* (Chicago: Moody Publishers, 2017)에서 "눈에 넣어도 안 아플 자식"(stars-in-my-eyes kids)과 "'너는 뭐든 할 수 있어'라고 말하는 부모"(you-can-do-anything parents)에 관한 논의를 보라.
22. William Law, *A Serious Call to a Devout and Holy Life* (London: Charles Ewer, 1818), 240. 『경건한 삶을 위한 부르심』(CH북스).
23. 내 책 *Lifelines for Tough Times: God's Presence and Help When You Hurt* (Eugene, OR: Harvest House, 2014) 참고.
24. Jack Dempsey, *How to Fight Tough: 100 Action Photos Teaching U.S.*

Commando Fighting (Budoworks, 2022), 56.
25. St. Basil, Dennis Okholm, Dangerous Passions, Deadly Sins: Learning from the Psychology of Ancient Monks (Grand Rapids: Brazos Press, 2014), 124에 인용.
26. St. Basil, Christine D. Pohl, Living into Community: Cultivating Practices That Sustain Us (Grand Rapids, MI: Eerdmans, 2012), 45에 인용.『공동체로 산다는 것』(죠이선교회)
27. Cyprian of Carthage, "On Jealousy and Envy," 492.
28. Jack Dempsey, How to Fight Tough, 11.
29. 상동, 56.
30. 상동, Preface, 1.
31. Randy Alcorn, Happiness (Carol Stream, IL: Tyndale House Publishers, 2015), 35-40. 저자는 특히 Edwards, Whitefield, Augustine, Pascal, Ryle, Broadus를 비롯해서 교회사 속의 수많은 기독교 리더의 주장을 바탕으로 이 오해를 바로잡아준다.『행복』(디모데).
32. Mike Fabarez, 10 Mistakes People Make About Heaven, Hell, and the Afterlife (Eugene, OR: Harvest House, 2018).
33. 상동, 98.